温爱群 ◎ 著
陈怡凝

呆瓜学园的数学故事

梦游蚊子界

海峡出版发行集团 | 海峡文艺出版社

目录

新开业的饮料店

"书呆！书呆！你知道吗？学校附近刚开了一家饮料店，前五天新到店的顾客可以免费抽奖三次。如果运气好，说不定可以免费领取三瓶饮料呢！"课间，小瓜两眼放光地对着书呆一通比画。

书呆有些心动，答应放学后一起过去试试手气。

一放学，她俩就找到了小瓜所说的饮料店。果然看见门口的招牌上写着新开业免费送饮料的广告，旁边摆着个大转盘。

在门口的店主看到她们上门光顾，热情地挥手："小朋友，欢迎光临，谢谢惠顾。你们应该是第一次上门，要不要试试手气？"

这话正合小瓜的心意，小瓜连忙说："好的，让我

先来转转抽奖盘。"

　　她和书呆走到转盘跟前打量起来。只见转盘上贴着
各种饮料的图片，不过这些图片都贴在转盘上最小的格
子里，而那些大格子里都写着大大的"谢谢惠顾"四个
大字。

　　她们心想：哎呀，中奖的可能性太小了，只能靠运气了……

　　小瓜手抓转盘，使劲一转。转盘飞速转了几圈后，慢悠悠地停了下来，指针正指着"谢谢惠顾"几个大字，什么奖都没有。

　　她又使劲转了一下，没想到转盘转了一圈还是躲不过"谢谢惠顾"这几个大字。连续两次没有获奖，这下她可着急了。

　　只剩最后一次机会了，小瓜犹豫再三不敢下手。书呆说："你运气不会那么差吧，快动手吧，我等着你的饮料呀。"

　　听了书呆的鼓励，小瓜决定孤注一掷。只见她脱下鞋子，再脱下脚上的袜子……

　　书呆好奇地问："小瓜，你这是干吗？"

　　小瓜笑着说："我的手气这么臭，这是用脚气来个以毒攻毒！"

　　书呆说："你这什么操作啊。待会儿获奖了，你敢用手抓饮料吗？"

　　小瓜将手熏了几秒钟，穿好袜子、鞋子，走到转盘边，闭上眼睛大喝一声，将转盘再次转动了起来。

　　可惜，转盘一点都没有给小瓜带着脚气的臭手留面子，转了几圈后又晃晃悠悠地停在了"谢谢惠顾"上。

　　唉，小瓜的饮料梦破灭了。她不甘心失败，问店主："老板，既然你一直说谢谢惠顾，你就直说吧，到底打算怎么谢谢我啊？"

　　店主听了一愣，说："小朋友，谢谢惠顾就是没有中奖啊。"

　　小瓜问："那你怎么不把'谢谢惠顾'这四个字改成'没有中奖'呢？"

　　书呆笑着说："把'没有中奖'写得大大的，谁还会上门光顾啊？"

　　小瓜说："对啊，你把'谢谢惠顾'写这么大，聪明人一看也就不来光顾了！"

　　书呆喊道："老板，我还没抽奖，你只有这么一个转盘吗？来点有技术含量的吧。"

　　两个小伙伴一唱一和，把店主也逗笑了。他说："看

来你们是呆瓜学园的同学，那一定是有点数学素养的。我这倒是有一个数学转盘，奖品也是三瓶饮料，不知道你们敢不敢试试？"

小瓜和书呆一听，眼睛一亮。小瓜说："数学转盘？我们最拿手呀。"

书呆说："那就这样了，我的三次机会就来试试数学转盘吧！"

店主答应一声，从柜台底下搬出了一个小巧玲珑的圆形转盘，估摸着直径只有20厘米，转盘中间写着一个问题："这三瓶饮料的价格分别是多少元？"转盘上围绕着这个问题的是一圈饮料图片。

店主指着这个数学转盘说道："数学转盘的玩法可不一样，要连摇三次转盘，把三次指针指向的条件合起来，组成一道完整的数学题，求出三瓶饮料的价格分别是多少元，才能领取这三瓶饮料。注意，如果指针指着同样的位置要重新转哟。"

两个小伙伴一听，精神大振。小瓜："这个好，凭实力拿奖品，而不是凭脚气取胜。"

书呆点了点头，伸手将转盘缓缓地转了一圈，只见指针指着一箱雪碧图片，上面写着一行条件：雪碧的价格是可乐的 $\frac{4}{5}$。小瓜拿出本子将第一个条件记录下来。

书呆接着转了第二次，这次指针指着一瓶养乐多，上面写着：雪碧的价格是养乐多的 $\frac{4}{3}$。

小瓜激动地说："可乐！可乐！第三次要转到可乐上。"

书呆知道，要是转到可乐上，那这题就简单了，因为可乐这个位置上写着：可乐一瓶 3.5 元。

已知可乐价格，$3.5 \times \frac{4}{5}$ 就能算出雪碧的价钱，然后用雪碧的价钱除以 $\frac{4}{3}$，就可以算出养乐多的价钱。那么三瓶饮料就稳稳到手了！

书呆吸了一口气，第三次转动了转盘。只见指针在两个小伙伴的注视下，即将在可乐位置停下来的时候，又向前挪了一格，不偏不倚地指着旁边画着一瓶雪碧的图片。小瓜只好把第三句话也记录下来，凑起来是：

雪碧的单价是可乐的 $\frac{4}{5}$，雪碧的单价是养乐多的 $\frac{4}{3}$，一瓶雪碧比一瓶养乐多贵 1.5 元。

哎呀，运气不佳，看上去用这些条件求出三种饮料的价格可不容易啊。

当然，两个小伙伴不会轻易放弃，马上认真思考起来。

她们决定第一个条件先不管，因为后两个条件都与雪碧和养乐多有关，只要搞定雪碧和养乐多，可乐就手到擒来了。

7

不一会儿，两个小伙伴分别拿出了解决方案。小瓜将养乐多的单价设为未知数 x，雪碧的单价就可以表示为 $\frac{4}{3}$ x，按照第三个条件列出方程 $\frac{4}{3}$ x −x = 1.5。

书呆的方法更简单。她说把养乐多的单价看作 3 份，雪碧就是 4 份，多的这一份就是 1.5 元，用 1.5×4 就是雪碧的价格，1.5×3 就是养乐多的价格。

两个小伙伴，用两种方法都算出一瓶雪碧是 6 元，一瓶养乐多是 4.5 元。

接下来，可乐的单价就可以用第一个条件加上雪碧的单价搞定了。这回小瓜也不列方程了，直接用 $6 \div \frac{4}{5}$，算出可乐一瓶 7.5 元。

店主看着两个小伙伴的表现，由衷地说："不愧是呆瓜学园的孩子，祝贺你们获得雪碧、养乐多和可乐各一瓶！"

书呆高兴地说："谢谢大气的老板，祝您生意兴隆哟！"

小瓜也说："我们一定会通知小伙伴们都来这里玩数学转盘，您可能还要继续送出饮料啦，哈哈哈！"

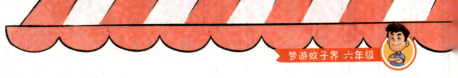

　　店主笑着说："放心吧，只要你们能用心思考，我的饮料管够！"

　　小瓜说："您也放心，今后我们买饮料就认准您这个数学商店啦。"

　　店主哈哈大笑说："那就真的要谢谢惠顾了！"

东西南北中
计划一场空

　　明天是周六，班长阿呆和副班长阿瓜组织了小伙伴到公园野餐。呆瓜学园周边的公园可多了，每一个都独具特色。不过两个班长这次很神秘，没有告知大家去哪个公园活动，而是约定明天上午先到学校门口集合，等到齐了再一起出发。

　　第二天上午，每个小伙伴都背着满满一书包零食早

早来到学校门口。这次大家的零食都带得有讲究。你瞧，每个人都不约而同地将零食分为两个部分，一部分是"等人零食"，一部分是"野餐零食"。没错，在门口聚集的时间，怎么能不动动口呢？"等人零食"就是打发这个时间段的！

时间渐渐流逝，除了小呆还没出现，大家都到齐了。每个小伙伴的"等人零食"都已经消灭殆尽，阿呆都已经劝阻了两个想提前攻击"野餐零食"的"馋虫"。

小瓜说："小呆估计是在家睡觉，起不来了吧，我看咱们还是先走吧。"

麒麟瓜附和道："对呀，小呆平时都踩着点来上课，这时候肯定又是在睡懒觉，照这样等到中午都去不了。"

其他人也七嘴八舌地附和，场面一片混乱啊。

不知道谁叫了声停，小伙伴们渐渐安静下来。大家一起看向两个班长。阿呆叹了一口气说："你们说得对，小呆这么久没来，我打了多个电话了，他都没接。我们只好先走了。"

话音刚落，他手腕上的电话手表响了。大伙儿凑上

前一看，果然是小呆打过来的。

阿呆接起电话。电话那头传来了小呆焦急的声音："班长班长，我睡过头了，你们在哪个公园，我马上赶过去！"

阿呆对着手表说："我们一直在校门口等你，你还没出发呀？"

阿瓜凑过来说："你赶紧整理一下，等下我们把目标地点用信息发给你。"

挂了电话，阿瓜转头跟大伙儿说："现在时间这么赶，看来只能去离学校最近的红树林公园了。"

阿呆说："对，步行几百米就到了，那就赶紧告诉他吧。"

小瓜笑着说："小呆这么没有时间观念，我看要考考他，不然他屡教不改。"

大家都笑了起来，纷纷说要好好教育他一下。

阿瓜听了群众的呼声，也笑着说："那我们就给他发个超级复杂的路线信息吧，让他看了瞬间清醒！"

大家一听，都来了精神，围过来出主意。不一会儿，

就编出了一个"催人泪下"的路线，不，应该是催小呆泪下。

小呆收到这条短信时，足足愣了一分钟。这信息写道：

请你马上到达学校南大门处，向西行800米，然后朝北行1000米，接着往东偏南30°方向行500米，再向南行700米，到达目的地。接头暗号：交白卷。

这凝聚着呆瓜小伙伴智慧的路线果然把小呆绕晕了，东西南北每个方向都有，到底是哪个公园啊？先走800米，再1000米，再500米，再700米，也就是说到了学校还要再走3千米，至少得要30分钟。

小呆心想，大家一定是要惩罚自己睡懒觉的行为，还是赶紧认错吧。于是他又拨通了阿呆的电话，还没开口只听见电话那头传来阿呆的声音："小呆，我们在公园门口等你十分钟，这回要是再迟到了，那得处罚你负责最后清理野餐场地的卫生。"

旁边一群小伙伴七嘴八舌喊着："小呆，快出发啊，时间不多了。"小呆正想再说什么，电话那头挂掉了。

唉，谁叫自己睡懒觉呢，活该！还是好好研究一下吧。

"谁叫他睡懒觉呢？害得我把好吃的都吃得差不多了，要叫他走点冤枉路。"小瓜开心地说。

原来这个路线，是先朝西，路过目的地"红树林公园"走到离学园南门800米处的鲤鱼公园，再朝北行1000米到达樱花公园，再往东偏南30°方向行500米来到快乐学园，最后再向南行700米来到红树林公园。

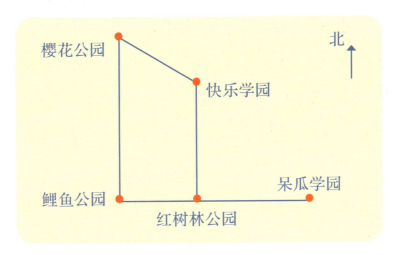

小伙伴们商量定后，都躲在校门旁的草丛里。果然，不一会儿就看到小呆急匆匆地到了校门口。只见他背着一个大背包，马不停蹄地朝着西面赶去。

看小呆走远了，大伙都嘻嘻哈哈地探出头来。书呆说："会不会玩笑开大了，等下小呆生气了？"

小瓜说："没事没事，小呆不会那么小气的。"

阿瓜也笑着说："待会儿我们到了公园门口，给他打个电话，叫他回头吧，意思意思就好了。"

阿呆也说："对，免得我们还得再等他半个小时，浪费野餐时间。"

从学园南门往红树林公园，只要往西走500米，路程很近。小伙伴们慢悠悠地动身了。

不一会儿，大部队集中到了红树林公园大门口。阿呆正准备打电话召唤小呆回头和大家会合。突然，从公园里跑出小呆，他大声地喊着："你们大家怎么才来啊，我都等一会儿了。这下我们扯平了。"

小伙伴们你看看我，我看看你，面面相觑，说不出话来。

小瓜奇怪地问："小呆，这路线图没有把你绕晕啊？"

小呆说："有啊，这路线图看着很晕啊！"

小瓜问："那你怎么这么快找到红树林公园了？"

小呆笑着说："就是因为路线图很复杂，所以我就不看了。"

阿亚呆插嘴问道："那你怎么知道目的地是红树林呢？"

小呆哈哈一笑说："你们不是写了接头暗号'交白卷'吗？我一看就明白了！"

他得意地解释："交白卷，成绩就是0分。卷子上老师用红笔写上数字0，'红数0'，'红树林'，不就是这里了！"

原来小呆是灯谜兴趣小组的高手，阿呆最后画蛇添足的接头暗号，一下子就暴露了终点。

东西南北中，落得一场空。

看着小呆得意扬扬的样子，大伙儿心想还是要挫挫他的锐气。

小瓜说："小呆同学聪慧过人，佩服佩服。不过你还要好好反思一下，怎么就看不懂路线图？位置与方向这单元掌握得很一般啊。"

阿瓜也批评起他："要看到自己的弱点，要多做练

习，看到路线图就晕，也不是办法。"

小呆说："你们说得对，我回去一定好好再看看路线图。现在我带的这包零食怎么分配啊？"

小伙伴们一听零食援军到了，早就忘了要挫挫小呆的锐气，纷纷喊道："快分我一点，我的零食早就全军覆没、尸骨无存了。"

愉快的野餐开始了……

密室逃生

今天是周五，刚放学一会儿，阿呆就连跑带跳地进了电影院。在下班和晚餐时间之间的场次就是好，你看，偌大的放映厅居然只有他一个人。阿呆挑了一个黄金分割位置坐了下来。

四周黑压压的，气氛刚刚好，万事俱备就等着电影的开演。

阿呆要看的就是新上映的电影《惊悚密室》。班上看过的同学纷纷赞不绝口，当讲到精彩刺激的环节时，胆小的女生就尖叫起来说："再也不敢进封闭的房间了。"

阿呆之前看到大家讨论时，就无比期待能看上这部电影。可平时他还要完成妈妈给他的"加餐"——课外

练习，所以只有周末才能去看。

为了这一刻，一周下来阿呆可拼了，终于在周五的中午提前完成了周末的"加餐"，这才通过妈妈的考查。

好在电影院就在阿呆家楼下的商场里。放学一到家，他接过妈妈给的电影票，兴奋地跳起来："谢谢妈妈。为了看这场电影多么不容易啊！"

音效隆隆响起，阿呆缓过神来时，电影已经开演了。

屏幕上一间黑乎乎的房间直映眼帘，冷不防叫人打了个寒战。随着一个个画面的推进，阿呆已全身僵硬，手心冒汗，头也晕乎乎的。直到电影散场，回家的路上阿呆满脑子都是影片中挥之不去的密室画面。

到家打开门后，妈妈看着他呆滞的眼神吓了一跳，连忙抓紧阿呆的手说："吓到了吧！电影都是假的，别当真了，赶快吃饭去。"

晚饭后，阿呆整个人放松了很多。这周为了看《惊悚密室》他加班加点地赶作业，还真的没睡好觉，累了一周今晚总算可以美美地睡上一觉了。

爬上床，关好灯，闭上眼，顿时四周黑压压的，气

氛刚刚好，他一下子就睡着了。

　　"咚、咚"，突然一阵急促的敲门声把阿呆惊醒了。他揉揉眼睛看向四周，"啊"惊叫一声——他居然在电影中的密室里。

　　仔细听了听，这会儿能听到的"咚、咚"声是自己的心跳声。阿呆害怕极了，连大气都不敢出。他就这么呆呆地站在原地一动不动。突然他听到丝瓜急切的声音：

"阿呆，阿呆，你在哪儿呀？我来救你了！"阿呆这时候镇定了点，才发现自己的耳朵上居然挂着一个耳机，声音是从耳机里传出来的。

"我在密室里，快救我！"阿呆使出浑身的劲喊道。耳机里再次响起丝瓜的声音："我检测到密室的空气只够你用 8 个小时，这墙非常厚，我一个人要挖 12 个小时才能挖到你那儿。你自己挖的话，要挖 15 个小时才能挖到我这儿。我们一起挖才能让你在 8 个小时内逃出密室！"

阿呆方寸大乱，脱口而出："你一个人挖 12 个小时，我一个人挖 15 个小时，一起挖不是要 27 个小时吗？我死定了呀！"

丝瓜哭笑不得："班长，你怎么糊涂了，两个人一起挖肯定更快啊！"

阿呆回过神来，自己这是吓傻了啊，里应外合当然是比一个人挖快多了。他问："可是你怎么知道我要挖 15 个小时，你要挖 12 个小时呢？"

丝瓜从耳机里叫道："你快看看手边是不是有一台

电动钻探机，看看上面写着什么？"

阿呆举目四望，果然发现旁边有一台暗黄色的机器，机身上写着16个大字："密室重重，唯我相伴，十五年后，重见天日。"

阿呆吓得一激灵，冲着耳机叫道："丝瓜，救命啊，我要挖15年！"

丝瓜的声音传来："这是游戏，洞中1个小时，代表世上1年，15年说的就是15个小时！"

"原来是这样，那你手边一定有一台只用12个小时就能挖通的钻探机了？"阿呆以此类推。

丝瓜笑着说："你终于恢复清醒了。"

阿呆长出一口气，说："唉，就算是15个小时，我也等不到出去的时候了，按我的速度，一个小时也就挖 $\frac{1}{15}$ ，8个小时只能挖 $\frac{8}{15}$ ，墙没挖通，空气就没了。"

丝瓜说道："放心，我测算过了，我们两个人一起挖，只要6.7个小时就能挖出去了！赶快动手吧，时间不多了！"

阿呆问："这个墙壁厚度是多少，你是怎么测算

的啊？"

丝瓜说："墙壁多厚我可不知道，反正算出来结果是 6.7 个小时。"

阿呆问："没有墙壁厚度数据，你又是怎么测算的，你在安慰我吧？"说完，阿呆又觉得希望渺茫，没有挖掘的动力了。

丝瓜急得大叫："没时间解释了，你很想知道墙壁的厚度是多少，可我告诉你，不管是 60 分米还是 120

分米，都是 6.7 个小时挖通。"

听了丝瓜的话，阿呆更不相信了。60 分米和 120 分米，差了一倍，怎么可能都是 6.7 个小时挖通？

他心想，不能当个糊涂鬼，还是亲自测算一下才放心。

他先把 60 分米当作墙的厚度，列出一个式子：60÷（60÷12+60÷15）。丝瓜听了他的算式，说："没错，用总厚度除以每个小时咱们合作能挖的厚度，可以求出花的时间，你算算就知道我没骗你了！"

阿呆冷静下来，认真算出得数。啊，得数是 $\frac{20}{3}$，约等于 6.7。

接着，他把 120 分米当作墙的厚度。这时式子成了：120÷（120÷12+120÷15），结果还是 $\frac{20}{3}$，约等于 6.7。

厚度不同，花的时间却都一样，这不科学啊。刚刚有点清醒的阿呆，又有点犯晕了。

耳机里，丝瓜赶紧提醒："阿呆，关键就在于这是一个神奇的挖掘机啊。不管墙多厚，它完成任务就是要 15 个小时，你说是不是这个道理？"

丝瓜继续说："刚才两种求法都用到'路程÷速度和＝时间'这个等量关系。挖掘机的速度是随着厚度变化而变化的。你刚才说了，一个小时你能挖几分之几？"

阿呆说："我挖通要15个小时，那一个小时能挖 $\frac{1}{15}$，你挖一个小时挖的是 $\frac{1}{12}$。"

丝瓜心想，趁阿呆这会儿还挺清醒的，赶紧解释清楚。他说："路程不确定，但是我们可以统一用单位'1'来表示。根据'路程÷速度和＝时间'这个等量关系，算式就是：$1÷\left(\frac{1}{12}+\frac{1}{15}\right)$，算出来还是大约6.7个小时可以逃生成功。"

阿呆默默算了一下，果然是这样。原来千变万变，只要每台挖掘机挖通的时间不变，那么总是能在空气用尽之前逃出密室。

这下阿呆精神大振，推过挖掘机和丝瓜同时开始"攻城大战"。生死攸关之际，两个小伙伴不敢怠慢，一刻不停地向前推进。果然，6.7个小时之后，密室厚墙"嘭"的一声被打通了。阿呆和丝瓜胜利会师了！两人激动地

抱在一起，叫道："得救了，我们得救了！"

突然，丝瓜反应过来，惊恐万分地叫道："糟了，糟了，我们只是挖通了两个密室之间的墙壁，还是出不去啊！"

阿呆一惊，往四周观察。原来他们花了这么长时间，只是打通了两个密室，根本没有逃出密室。空气能维持的时间已经非常有限了，两个小伙伴凶多吉少呀。

突然，一只黑色的手伸过来，抓住阿呆的衣服往后拽。阿呆"啊"一声惊醒了。只见妈妈扯着他的衣服叫道："快起来，虽然是周末，但你都睡到 10 点了。"

哈哈，还好是虚惊一场！不过，阿呆想想自己也真惨，难得周末好好休息一次，还辛苦地挖了 6 个多小时的墙壁，看来下回不能看惊悚电影了。

镜中魔法

小瓜最近对自己在学习上的表现有些不满，她觉得自己总是慢人一拍。同学们都说出想法了，她还要过一会儿才反应过来。

这天，她突然想到，既然普通的想法总是跟不上大伙儿，那就应该试着寻找解决问题的不同方法，从不同的角度尝试更巧妙的思路。这样，她就不用担心想得比人慢了。咱不以快取胜，咱以巧著称！

这天，小瓜在自学倒数知识的时候，突然想到了一个"魔镜大法"。

这方法让小瓜激动极了。第二天数学课上，呆瓜大侠让大家说说一个数的倒数是怎么找到的。小瓜安静地

听了大家的发言，心里想：你们无非是说些分子、分母交换位置这样的一般想法，我的想法可不一般。

一直等到大家都说得差不多了，小瓜才不慌不忙地说出了自己的大法："一个数的倒数，我用一个魔镜就可以找到。"这一下子吊起了大家的胃口。

小呆抢着问："是墨镜还是魔镜啊？"

小瓜白了小呆一眼说："你们见过树在河水中的倒影吗？"

小呆为了挽回形象，连忙举起手喊道："我见过，我见过，上周末我刚去了公园呢。水中大树的倒影是树根在上，树叶在下。"

小瓜点了点头说："很好，你说得对，树在河水中的倒影就成了'倒树'。"

"倒树"的说法一亮出来，小呆"哇"的一声，嘴巴合不上了。

小瓜继续说："除了河水，镜子也有把东西倒过来的功能。如果我举着一张写着 $\frac{4}{5}$ 的纸条放在镜子的上方，镜子中的数是什么样的？"

阿呆回答道是 $\frac{5}{4}$ 。到这时，同学们才恍然大悟，原来小瓜说的魔镜就是用镜子看数的倒影啊。这说法倒是有点意思，"倒数"和"倒树"，果然道理相通啊！

在本子上写个 $\frac{4}{5}$ ，往镜子上一放，就能看到它的倒数 $\frac{5}{4}$ ？阿瓜有些疑惑地问："小瓜，你试过吗？"

小瓜说："这还要试吗？想象一下就知道了。"

小呆又抢着说："没错，我想象过了，分子在下，分母在上， $\frac{4}{5}$ 就成了 $\frac{5}{4}$ ！"

书呆想了想说："我看我们现场演示一下，感受一下魔镜大法的作用吧。"

小伙伴们纷纷表示可以实践一下。美呆找出她的镜子，书呆在一张白纸上工工整整地写上一个大大的分数 $\frac{4}{5}$ 。

阿呆把白纸放在镜子上。小伙伴们屏住呼吸一起围过来，准备见证神奇的一刻。

果然，镜子里分子和分母调换了位置……

数，倒是倒过来了，可怎么看上去这么别扭。阿瓜拍着脑袋叫道："对了，这样镜像数字，其实是原来的

对称图形啊。"

对呀，分子、分母的位置是交换了，可是这数是反过来的。

小瓜涨红了脸，自我解嘲地说："看上去是有点怪怪的，看来这魔镜还得升级升级。"小伙伴们也被小瓜逗笑了。

呆瓜大侠在旁边观察一会儿了，看到议论的声音渐渐安静了下来，接口说道："嘿嘿，你们还是被表面现象给蒙蔽了眼睛啊。"大家转头一看，只见呆瓜大侠乐呵呵地走到黑板前，问大家："互为倒数的两个数如果

只关注分子、分母交换位置，那就太肤浅了啊。大家看我写的这几道算式，能找出关于倒数的规律吗？"呆瓜大侠在黑板上写了三道算式：

$$\frac{3}{7} \times \frac{7}{3}$$

$$\frac{5}{6} \times \frac{6}{5}$$

$$4 \times \frac{1}{4}$$

大伙定睛一看，异口同声回答说答案是1。

阿瓜补充了一句："两个互为倒数的数相乘，乘积为1。"

呆瓜大侠点了点头，说："现在我们研究'倒句'，把阿瓜这

句话倒过来说，正确吗？"

只见他在黑板上写下这句话：乘积为 1 的两个数互为倒数。

这个"倒句"成立吗？小伙伴们展开了激烈的讨论。小呆的意见是倒过来就不成立了，比如 $8 \times 0.125 = 1$，8 和 0.125 的乘积是 1，难不成它们也互为倒数？大家都觉得小呆说的有道理。

小瓜心想，自己精心构思的魔镜大法刚刚破碎了，这次可不要再犯思考不全面的错误。

小瓜认真地思考起来：这两个数，一个小数，一个整数，找不到调换位置的分子、分母，还是改写成分数形式才可以判断啊。唉，且慢，0.125 等于 $\frac{1}{8}$，8 和 $\frac{1}{8}$ 不就是互为倒数吗？

二话不说，她赶紧在黑板上写下 $\frac{1}{8} \times 8 = 1$。小伙伴们一看，哎呀，小数可以转化成分数，分数也可以转化成小数。

"我怎么给忘了？"小呆拍了拍脑袋，十分懊悔地说。

阿瓜说："明白了，大侠刚才说我们被蒙蔽了眼睛，就是说我们没有看清倒数的本质啊。"

小瓜胸有成竹地说："对，判断互为倒数的方法就是这两个数相乘的积是1，8×0.125=1，符合要求。而且从本质上看，0.125等于 $\frac{1}{8}$ ，也符合要求。"

阿瓜说："是的，像8和0.125这样的整数、小数，照镜子是看不出倒影的，只有乘积1才是真正的规律啊！"

正当所有人高兴地解开疑惑的时候，只有小呆闷闷不乐。眼尖的阿呆发现了，便问小呆："你怎么不开心啊？"

小呆伤心地说："我每次反应都很快，怎么就比不上小瓜慢条斯理的全面分析呀？本以为刚才可以抢先说出答案，没想到还是被小瓜抢了先，真是煮熟的鸭子又飞走了。"

听到这儿，大家忍不住了，哈哈大笑起来。

秘密武器

周五，随着清脆的下课铃声响起，小伙伴们期待的周末到来了。呆瓜大侠给呆瓜们布置了一项作业——画一个光滑、美丽的圆，画圆的具体要求周五晚上8点会在班级群公布。

小呆和阿呆住在同一单元。小呆家在7楼，阿呆家在8楼，他们俩经常互相串门，楼道中常看见他们奔上奔下的身影。

今天他们一同走路回家。阿呆邀请小呆晚上去他家一起玩，顺便完成作业。他神秘兮兮地告诉小呆，他准备了画漂亮圆的秘密武器，只要掌握画法，画多少个圆都是没问题的。

画圆的秘密武器？难道不是圆规吗？这句话让小呆深感好奇。他一回到家，就以惊人的速度消灭完了饭菜，兴致勃勃地跑到阿呆家门口。

开门的是阿呆的妈妈，她笑着让小呆进来，说："你们两个一想到玩，饭都吃得这么快。"

小呆被阿呆推进卧室，一眼就看见了桌面上画满圆的本子。只见一个个大小不一的圆，每个都很漂亮，十分完美。

小呆笑着说："阿呆，你要给我看的画圆的秘密武器，肯定是圆规吧，我也有啊！"说着他掏出笔袋里的圆规晃了晃。

阿呆哈哈笑着说："年轻人，你太单纯了，这样的圆规算什么秘密武器啊？"

阿呆接着说："来，你来试试看圆规怎么画圆吧。"

小呆先把针尖固定在纸上，抓住顶上的柄转一圈，圆就画出来了。

小呆看自己画得有点生涩，又认真重画了一个，边画边介绍："针尖戳下去的位置就是圆心，也就确定了圆的位置，用字母 o 表示。"

阿呆笑着说："看来你也自学过了，那圆的半径和直径的知识你一定也了解了吧？"

小呆说："上大侠的数学课，自学是基本操作啊。圆心和笔芯的距离就是半径，一般用字母 r 表示。而通过圆心并且两端都在圆上的线段就叫作直径，一般用字母 d 来表示。"

阿呆接着问他："你能在圆中找到多少条直径和半

径呢？"

小呆指着纸上的圆给阿呆看："你看，直径相当于圆两半的分割线，随意对折都有一条直径，说明直径有无数条；半径是直径的一半，自然也有无数条了。"

小呆接着说："同一个圆内所有的半径都相等，所有的直径也都相等。"

阿呆点了点头："好，知识储备好了，画圆技术储备好了，大侠的作业就没问题了。现在我们先玩会儿，等大侠的画圆要求公布后，给你见识一下我的秘密武器。"

于是，两个小伙伴搭起了上周还没完成的积木模型。

不知不觉，闹钟响起了，提醒他们 8 点到了。阿呆赶紧打开电脑查收班级群里大侠发布的画圆要求。

小呆凑上前一看，屏幕上写着：

周末作业：在边长 1 米的正方形中有 1 个最大的圆，画出这个圆。（拍照上传班级空间）

小呆吃了一惊，在边长 1 米的正方形中画出最大的圆，直径也得是 1 米。这么大的圆，本子可装不下了，

要画在哪里啊？他掏出自己的圆规看了看。这圆规两脚180°劈叉也不够啊。

小呆着急地说："这么大的圆，该用什么圆规画啊？"他转头看向阿呆。咦，阿呆不知从哪儿摸出了一个神器，得意扬扬地站在身后。

小呆急忙上前端详，原来这跟大侠在课堂上带来的教具大圆规同款，两脚是木头做的，足有手臂那样长。针尖像是铁钉做的，笔芯处夹着一根白色粉笔。这可真是加大版圆规，看来完成作业不在话下了。

阿呆眉飞色舞地说："哈哈，不用隐藏你的崇拜，我那天在讲台上看到了大侠的教案本，早就知道今天的作业需要用到这个秘密武器，当天就下单网购了。"

说着，阿呆高高举着自己的秘密武器，踱着正步绕小呆一圈，接受了小呆崇拜的目光检阅。

说干就干，两个小伙伴来到阳台。小呆把大圆规的两脚分开，阿呆用卷尺量了50厘米的位置，说道："半径50厘米，画出来的圆直径就是1米。"

小呆说："对，直径长度是半径的两倍，半径长度

是直径的二分之一。"

在瓷砖上用粉笔画圆，还真不好操作，固定圆心的针尖滑了一下，没画好。小呆又试了几次，直到把针尖固定在了阳台的瓷砖缝中间，才终于将粉笔脚转了一圈后，在阳台上留下了一个直径1米的圆。

阿呆用妈妈的手机拍了大圆，上传到班级群，心满意足地说："好了，等下再找个位置画一个给你拍照。"

突然，阿呆盯着班级群愣住了。小呆赶紧问他怎么了。原来，刚才没注意看，大侠的要求下方还写着一行小字："用两种不同的方法。"

这可怎么办？小呆赶紧问："阿呆，你还有秘密武器吗？"

阿呆这下笑不出来了，怎么那天看到的教案本里没这句话，是自己看漏了吗？这下怎么办啊！

两个小伙伴有点慌神了，还能找到什么两只脚张开能达到50厘米的工具呢？

突然，他们的眼睛同时落到了晒衣绳上。这绳子足足有5米长，用它能画吗？怎么画？

　　两个好朋友的脑筋飞速地转着。过了一会儿，他们已经有了很棒的想法了。小朋友们，你们一定也想到了吧。

　　瞧，他们已经动手解绳子了。猜猜，他们和你的想法一样吗？

今天一到学园，大家就听到了一个好消息：下周要去参加拓展实践了。这可是小伙伴们都非常期待的学园活动。

呆瓜们的拓展实践基地坐落在学园往东 2 千米，再朝北 15 千米，再朝西北方向 20 千米外的顶天村里。那里风景迷人，空气清新，夏天晚上睡觉不用开空调。

两周的拓展实践对呆瓜小伙伴来说实在是美好的度假时光，

可以在这里打理果树、种植蔬菜、放羊放牛……

可顶天村也有一个缺点，一个严重的缺点：蚊子多！

来这里的头一个晚上，阿呆在睡梦中转了一个身，把手臂贴在蚊帐上，第二天早上就看到手臂上有一排笔直的大包。最后一个又红又肿，连起来看就像一个感叹号！

第二天晚上，阿呆的蚊帐里溜进了一只蚊子，在阿呆眉毛中间叮了一个大包，又大又亮。可气的是，这个位置抓起来不得劲，越抓越痒。

阿呆眉毛之间的大包实在太有喜感，伙伴们闻讯都赶来参观。大家纷纷笑着争论阿呆是像有月牙的包青天，还是像三只眼的二郎神。

大家笑了一会儿，觉得该商量怎么防蚊子。大伙七嘴八舌地出各种主意。主要是阿呆睡觉不想点蚊香，他怕点蚊香会把自己先熏晕了。

最后，大家决定把被子和枕头塞成两个假人，摆在两边。这样，睡中间的人就不会有事了。

当天晚上果然防御成功，早上阿呆醒来仔细检查了

一圈，哈哈，完好无损。阿呆想去上个厕所，可是他一打开蚊帐，就看到一只大蚊子乘机钻了进来。

啪！掌风到处，飘下一只蚊子的尸体。

阿呆冷笑道："大白天还敢进来，真是送死！"

没有了蚊子骚扰，实践基地显得更加美好了。

这样风平浪静地过了几天。

又一个晚上，阿呆睡得迷迷糊糊，听到耳边嗡嗡声大作。他知道这是蚊子又在蚊帐外大声叫骂。他心里想：哈哈，我就喜欢看你们想叮我却叮不到我的样子！

又睡了一会儿，阿呆突然觉得周边的嗡嗡声越来越大，睁开眼睛一看，四周黑得那么浓烈。

他好像在哪里走着，前方似乎有点光亮。他走到有点亮光的地方，感觉是一片宽阔的水域，还听到有滴答滴答的流水声。

突然，他发现原来的嗡嗡嗡声，能听出来是在说些什么了。

四周静了下来，一个声音响起："阿呆，我问你，你知罪吗？"

　　阿呆想，难道到了蚊子的大本营？我才不怕你们，也就是睡觉的时候怕你们偷袭，醒着谁还怕蚊子？

　　这样想着，他仔细观察四周。只见黑暗的尽头有只巨大的蚊子，周围无数只蚊子密密麻麻，从大到小地排着队形。

　　他边看边问道："我有什么罪？"

　　一只花脚大蚊子说："你前几天拍死了我们的一个使者，它可没有叮你！"

　　阿呆记起来溜进蚊帐的那只蚊子，说："它正要朝我下毒口，我只是制止了犯罪。"

　　灰蚊子大叫："胡说，它是我们派去跟你谈判的使者。再说了，蚊子犯罪都是你们人类逼出来的！"

　　花脚蚊子补充说："要不是你们这些小气的人类，白天看到我们就要赶尽杀绝，我们需要晚上加班叮人吗？"

　　阿呆忍不住笑了："照你这么说，让你们随便吸血就大方了？"

　　花蚊子说："你们无偿献血一次就是200毫升，让

我们吸一口怎么了，这不是小气是什么？"

灰蚊子接着说："最小气的就是你，做了两个假人靠着蚊帐，害小兄弟们叮了一个晚上，一点血都没有。"

说到这里，四周嗡嗡大作，显然是大小蚊子们一起表达不满。

阿呆哈哈大笑："你们这些蚊子不但卑鄙还很蠢。"

这时，中间最大的巨蚊子嗡起来了，声音又沉又响，让人听了说不出的难受。蚊子们的嗡声静了下来，阿呆听了也笑不出来了。

只听巨蚊子说道："蚊子吸血，天经地义，这是我们的生存之法。"

阿呆反问："那就要牺牲人类的血液来养活你们吗？"

巨蚊子说道："我先问你，你可知道蚊子一次吸走人体上多少血量吗？"

阿呆一愣，脱口而出："莫非有1毫升？"

四周的蚊子嗡嗡大笑。灰蚊子笑道："你五年级白上了吧，1毫升，哈哈。"

阿呆想起来，1毫升也相当于一大滴水，蚊子一口

可吸不走那么多，不禁涨红了脸，好在黑暗中无蚊看见。

巨蚊子接着说："你们献一次 200 毫升的血液大约重 150 克，那么 1 毫升血液是 0.75 克。"

阿呆心想："糟糕，遇到一只有文化的蚊子，看来是时候展示我的实力了。"

他不甘落示弱地说："没什么奇怪，根据血液体积和质量写一个比例，200 : 150=1 : 0.75，两个内项的

乘积等于两个外项的乘积，你算得没错。"

巨蚊子说："1 克 =1000 毫克，0.75 克就是 750 毫克。而我们一次吸走的血只是 2 ～ 5 毫克。"

阿呆说道："蚊子一次吸血以 5 毫克计算的话，1 毫升血够吸 $750 \div 5 = 150$ 次。"

巨蚊子说："对啊，你可知道，一只蚊子一生最多吸七八次血，1 毫升足够 20 多只蚊子一辈子的吸血量。"

阿呆听到这里，突然觉得人类似乎对蚊子过于苛刻，要是随便拿 1 毫升血养 20 只蚊子当宠物也挺不错的。

巨蚊子趁热打铁地说道："人类都知道无偿献血有益无害，却不知道 200 毫升血够我们蚊子吸 $150 \times 200 = 30000$ 次啊！"

阿呆想象了一下自己身上被叮出 30000 个红包的画面，不禁大喊："宁可献血也不能给你们叮啊！"

他突然想到一个关键问题，说道："要想人类不与蚊子为敌，你们可想过解决自身缺陷问题？"

巨蚊子听阿呆提起蚊类之缺陷，不禁暗暗心惊。

只听阿呆继续说："你们每次吸血，所吸之处又肿又痒，还会传播疾病，无异于向人类宣战。什么时候你们蚊子能做到无感吸血了，我想人类追杀复仇的动力也就少很多了。到那时，每个人养几百只蚊子宠物，也就不在话下了。"

说完这些话，蚊子们陷入了沉默。突然听到巨蚊子说："阿呆小朋友，你说得有道理，不过生理构造自有造物缘由，一切不可强求。感谢今天到访，你我对话已毕，送客。"

阿呆见自己说得蚊子哑口无言，赶紧往回走。花、灰蚊子在前头带路。

走了一会儿，听灰蚊子说："既然你和我们有些缘分，我保证在顶天村叮你的蚊子是特供的。它们叮过你之后，不会再叮别人。"

阿呆一惊，只叮我一个人，那还了得。

他突然睁开眼睛。还好，自己好好地躺在蚊帐中。

他仔细一看，蚊帐上方停着灰、花两只蚊子。他不禁犹豫起来，自己要起来打蚊子吗？

小朋友们，他该去打还是不该去打呢？

爱表扬人的阿瓜

  阿瓜一直是一个对自己要求很高的人，总是希望自己成为一个暖心的班干部，帮助小伙伴们一起成长。最近他又给自己配置了一项技能，那就是逮着机会就爱表扬人，不管别人做了什么，他都能找到某个亮点展开一通赞美，让人听了美滋滋。比如下面这个例子。

  小呆路过一个垃圾桶，顺手把书包里的坏钢笔扔进垃圾桶。值勤的小瓜提醒他：“小呆，钢笔是干垃圾，你扔错桶了。”

  小呆不服气地说：“哼，我是色盲，看错颜色很正常吧。”

  小瓜反驳道：“谁说你是色盲，你不是美术兴趣组的成员吗？”可是一转头，小呆早就溜回班级了。小呆

才不想伸手去垃圾桶里捡回钢笔重新扔。

小瓜找值勤队长阿瓜汇报了情况，气鼓鼓地说道："队长，小呆扔错了还不认错！"

于是，阿瓜队长的表扬开始了："小瓜同学表达得真清楚，大家看，'扔错'不'认错'，没点文化修养能说出这样的好词来吗？至于小呆嘛，我看也非常难得，钢笔坏了一直憋到垃圾桶旁才扔，在扔垃圾这件事情上可以得90分了，只是临门一脚踢偏了啊。只要他多学

习垃圾分类的知识，下次就可以得满分了。"

嗯，你现在看出阿瓜表扬人多有水平了吧！

这天，胆小的木木瓜又有一件事被大家取笑了，原来他都六年级了，还很少自己一个人坐公交车。由于家离学园很近，走路就可以了，所以平时他很少坐公交车，只从家门口坐 92 路公交车去过几次图书馆。

那天是周六，木木瓜上午在学园出墙报。等电话手表闪动小瓜的头像，他才想起同学们约在图书馆一起做作业。

他接起电话说："从学园去图书馆我不会走啊！"

小瓜说："很近啊，你走路只要 10 分钟，如果走 100 米到快乐学园，门口坐 123 路公交车也只要 1 站就到了啊。"

木木瓜说："不行啊，这些路我都没走过，我还是先回家吧。我只会从家门口坐 92 路到图书馆。"

小瓜说："你傻了啊，你回家要走 10 分钟，再坐 92 路要 3 站，这不是绕远路吗？"

可是木木瓜不听劝，还是按自己的想法出发了。

图书馆里，同学们在一旁听了木木瓜和小瓜的对话，都笑着说木木瓜是个"路痴"。

只有阿瓜说："别急，木木瓜这一招大有玄机，他才是真正的高人啊！不信，听我解释！"

这回，所有人都不信，舍近求远难道还算高人？

可是，阿瓜不慌不忙说出了一番话，直说得在场小伙伴目瞪口呆、哑口无言、频频点头。到底他说了什么话，能让大伙儿这么心悦诚服呢？

原来，阿瓜分析了木木瓜的脑回路："我们平时经常要处理自己不熟悉的问题，有时候处理得很好，有时候处理不了，对吧？"

大家都点头称是。麒麟瓜还说道："前几天，老师叫我们自己试着算分数除法计算题，没学过，我就不会算！"

阿瓜表扬道："我们都要向麒麟瓜学习，她心里一直想着学习。" 接着，他又问："那后来，我们是怎么计算分数除法的呢？"

麒麟瓜接话说："一个数除以分数，等于这个数乘

以分数的倒数。"

　　阿瓜说："说得对，不愧是麒麟瓜！不过大家知道吗？这里用的招数就叫作'转化'。"

　　"装画？""传话？""妆化？""是化妆吧？"

　　阿瓜叫道："你们！你们……"

　　他顿了顿："你们真有想象力，佩服佩服。"

　　说着，他拿起笔在本子上写下"转化"两个字，大家才恍然大悟，原来指的是把还没学的分数除法转化成分数乘法计算。

可是，这和木木瓜坐车有什么关系呢？

看着大伙儿合起来蒙了十几个圈的表情，阿瓜继续解释："你们看，分数除法对我们来说是未知的问题，从学校去图书馆的路线对木木瓜来说也是未知的问题吧。"

大家说："对啊，然后呢？"

阿瓜说："分数乘法对我们来说是已经掌握的技能吧？从家门口坐公交车去图书馆也是木木瓜已经掌握的技能吧？"

大家说："对啊，然后呢？"

阿瓜说："我们能把未知的问题转化成用已知的技能解决问题，这就叫转化啊。"

阿亚呆最先明白了："有道理，木木瓜把从学园去图书馆这件未知的事情，转化成了从学园回家和从家去图书馆这两件熟悉的事情，最终也能解决问题。"

阿瓜赞扬道："是啊，这样虽然绕远路，但是有时候遇到复杂情况，转化是个好习惯啊。"

这下，大家都明白了，木木瓜选择的虽然不是最好

的方案，但是也算给大家提供了一种有价值的思路。

麒麟瓜若有所思地说："把圆等分后再拼成近似的平行四边形，这也是转化吧？"

大家点头称是，纷纷表示："转化一时爽，一直转化一直爽啊！"

麒麟瓜接着说："那我等下也试试转化大招——不直接回家，先去学园再从学园回家。"

阿瓜笑着说："从图书馆直接回去你会走吗？"

麒麟瓜说："会啊，走路5分钟就到了。"

阿瓜说："谢谢你提醒我们，转化虽好，乱转就转晕了。"

大家都笑起来，一起去门口等"转化路线"成功的木木瓜了。这时，只留下麒麟瓜在想："谁说阿瓜都是表扬人，这句话怎么听起来那么不是滋味？"

披着马甲的"比" $\frac{4}{5}$

　　真烦人呐！上周末表妹来丝瓜家玩，吵着要看电视，而且看的都是那些魔法变身的动画片，主题曲一直叮当当重复播放。丝瓜坐在旁边看书，心烦意乱，耳朵都快起茧了，现在那调子他都能完整哼出来了！

　　教室里，丝瓜向阿瓜抱怨："你体会过吗？我一个男生，被女生的歌洗脑，我感觉我一张嘴就唱起那歌了。"

　　阿瓜深表同情："没错，女孩子就爱看这种动画片。魔法、变身，魔法、变身。"正聊着，呆瓜大侠的课要开始了。

　　今天大侠带着一丝神秘的笑容，一开口就把丝瓜给吓了一跳。

　　只听，大侠说："今天我们来一场除法大变身！"

啊，魔法大变身！大侠葫芦里这是卖的什么药？

丝瓜朝阿瓜望去，阿瓜也朝他做了一个鬼脸，朝他说着没声音的话。丝瓜看他的嘴唇，应该说的是："除法大变身。"

好吧，不是魔法是除法，可是真奇怪，除法怎么变身？

呆瓜大侠给出了一个任务，要大家表示出两个数的相除关系，但是不能用除号。这可有点难为丝瓜，不过他知道，这就是要逼着大家给除法来个大变身。

他埋头想了一会儿，在纸上写出了一个 $\frac{2}{3}$。他知道分数和除法的关系密切，分子相当于被除数，分母相当于除数，分数线相当于除号，$\frac{2}{3}$ 可以理解为 $2 \div 3$。自己这方法虽然只是中规中矩，但也算变身成功了。

到了小组互评环节，丝瓜这组的四个小伙伴都把自己完成的"变身"展示出来了。

阿亚呆的纸条上写着 $\frac{4}{5}$。她谦虚地说："嘿嘿嘿，只是小变身。"

看来阿亚呆和丝瓜想到一块儿去了，两个小伙伴相

视一笑，击了一下掌。

轮到小呆了。他迟疑地揭开自己折成纽扣一样大小的纸条。只见纸上写着"12-3-3-3-3=0"，这是什么意思？

阿瓜看了，笑着说："佩服佩服，连续减就相当于把12每3个分1份，可以分4份。"

丝瓜和阿亚呆这才明白过来，原来小呆用12连续减去3的算式，表示出了12÷3，这真是除法大变身。

阿亚呆佩服地说："你这是大变身啊！"

小呆皱了皱眉说："你们别拍马屁了，看看阿瓜写了什么吧。"

阿瓜神秘一笑，掏出纸条，看到他在上面写了2：1，递给大家说："瞧。"

丝瓜问："这是什么？"

阿瓜说："这就是除法的变身啊。"

丝瓜笑道："你是不是糊涂了？这不是足球比赛的比分吗？哪有什么除法！"

阿瓜说："不，除法啊，它变身了！"

　　"啊！你不会也被那动画片洗脑了吧！"丝瓜笑着说。

　　"什么啊，我是认真的！"阿瓜得意地眨了眨眼。"这就是除法变身后的样子，它叫作比，读作2比1。2是前项，相当于被除数，1是后项，也就是除数，中间的两个点就是除号……"

　　"既然是除法算式，那商呢？"丝瓜不解地问。

　　"有啊，比有一个比值，也是商，就是前项除以后项得来的。"阿瓜拿起纸，一边比画一边说，"假设这张纸的长是3、宽是2，那么长和宽的比就是3：2，比值是 $\frac{3}{2}$ 或者说是1.5。当然，还有这样的场景可以用到比，假如敌人有15人，我军有10人……"

　　阿亚呆接上说："双方力量对比就是15：10。"

　　阿瓜说："没错，敌军和我军的人数比是15：10，当然还可以经过简化写成3：2。"

　　"哦，那不就是约分吗？"丝瓜说。

　　"是的，比本来就是除法和分数的变身啊。分数的基本性质、商不变性质在它身上都适用。"阿瓜继续解释。

小瓜说："那比一定也有一个基本性质或者比值不变性质啦。"

阿瓜说："答对了。根据比的基本性质，我们可以轻松地化简比，就算前项、后项是小数和分数，也可以化成最简整的数比。"

说着，阿瓜随手将纸撕成 5 片，2 片小张一堆，3 片大张一堆。还没等他发问，丝瓜先说话了："从左往右看是 2：3，从右往左看是 3：2。"

阿瓜笑着说："厉害，不过这里的变化可不止这点！大家都看看能找到哪些除法关系？"

三个小伙伴端详了一会儿，小瓜先说了："$2：3=2÷3=\frac{2}{3}$，小张纸是大张纸的三分之二，大张纸是小张纸的二分之三。"

丝瓜一听，正是自己想说的，说道："我也是想到这，被你抢先了。"

阿亚呆说："不用抢，我的发现跟你们不一样。"她顿了顿说："我发现的是 2：5、3：5，也就是小张是总数的 $\frac{2}{5}$ ，大张是总数的 $\frac{3}{5}$ 。"

听到这儿，两个小伙伴恍然大悟，一共 5 片纸，还可以变化出部分和整体之间的关系。

丝瓜说："这下我明白了，比和除法、分数有关系，随时可以互相变身。"

阿亚呆说："除法的除数不能为 0，分数的分母也不能为 0，看来比的后项也不能为 0。"

讨论着，课堂也到了最后的小组展示环节。丝瓜这几位小伙伴把自己小组讨论的收获在班上做了报告，果然得到了大家的认可。

当天晚上，丝瓜在家吃饭特别香，不小心哼起魔法变身的曲调也觉得挺自然的。爸爸吃完饭，在客厅里看体育新闻。突然一则新闻传入丝瓜的耳朵，仿佛一道闪电击中了丝瓜。他停下了筷子，愣住了。

原来，新闻里播报：本轮足球超级联赛甲队经过 90 分钟的鏖战，以 2∶0 战胜了乙队，获得

了比赛的胜利。

丝瓜赶紧抓起电话，给 4 个小伙伴一个个拨去。每接通一个电话，他就激动地叫道："比的后项不能为 0 吗？明明可以的！球赛两个队的比分 2 ∶ 0，后项不就是 0 吗？"

这句话一下子唤醒了小伙伴们，大家相约明天到学校好好讨论一下。

第二天……

"对啊！对啊，我昨晚认真想了一下，觉得比很奇怪，它跟除法不算纯正亲戚啊！"小伙伴们一碰面，小瓜就急着说。

阿亚呆说："看来顶多算远房亲戚。"小伙伴们都笑了。

思考了一夜，阿瓜有了自己的想法："别急，大家

想想，一个比 3：2，按照比的基本性质是可以写成 6：4 或 9：6 的，但是如果是足球比分呢？"

丝瓜听后，脸色一变，说："那可不行，3−2=1，6−4=2，9−6=3，你看相差的分都不一样。"

"对啊，本来只赢了一个球，这么算越差越多，可了不得！"小瓜叫出声来。

阿亚呆疑惑地说："难道比赛的比分不是真正的比？"

阿瓜说："没错，赛场上的比分表示的是相差关系，我们数学上说的比，专指两个数的相除关系。而比分只是披着马甲的比。"

阿亚呆："哈哈，比分连比的远亲都算不上了，是隔壁村的。"

丝瓜还在惦记着比分："如果比分也是比，那甲队 2：0 战胜乙队的比分，前项、后项就可以同时乘以 2 写成 4：0。"

小瓜说："同时乘以 3，就成了 6：0，甲队大获全胜，哈哈哈。"

想明白了比分是个假比，小伙伴们终于放心了。

比萨启示录

这周六，小伙伴们都聚集在小呆家里，原来今天是小呆的生日。

大伙儿一早就来了。最近好久没人过生日了，不夸张地说，小伙伴们比小呆自己更期待这场生日会。

当然了，难得等到一个生日会，而且正好是周六，大家决定要好好玩一天。

聚会总是那么让人开心。你看，这会儿小呆正给每个小伙伴都倒一杯饮料呢。平时妈妈控制得很严的碳酸饮料，今天也管够。大家一人端着一杯可乐，像模像样地干杯。

小瓜提议："我们先敬小呆一杯可乐，感谢他选了今天出生。"

木木瓜也笑着说："能够在周六过生日，是小呆最大的功劳。"

小呆谦虚地说："谢谢大家鼓励，其实我也没做什么，都是我妈的功劳。"

小伙伴们哈哈大笑，都举着可乐杯子，要找小呆妈妈致谢。

阿呆班长怕大家太失礼了，拦着说："别玩了，大家赶紧让小呆拆礼物吧。"

书呆送给小呆一个精美的笔记本，木木瓜送给小呆一本他期待已久的数学读本，麒麟瓜送的是一个多功能的蓝色笔盒。阿瓜和阿呆两个班长不约而同地给小呆送了一副棋。阿瓜送的是一副象棋，阿呆送的是一副陆战棋。他们都说小呆毛毛躁躁的，多下棋培养一下耐心。

最让小呆惊喜的是，阿瓜居然还带来了呆瓜大侠的礼物。原来大侠也知道小呆今天要过生日，送来的是一个精美信封。小呆在大家的注视下，激动地打开信封。

只见信封里有张贺卡，贺卡上写着一句话："小呆同学，祝你生日快乐！今天我送给你的生日礼物是一个数学知识，那就是圆的面积的求法。"

小伙伴们满怀期待地围着看贺卡，不承想大侠送的礼物居然是一个数学知识。

大家你看看我，我看看你，都说不出话来。

大侠啊大侠，你这是教书教上瘾了啊，什么都可以当礼物啊。

这时，小瓜抢过贺卡说："圆的面积不就是 πr^2 吗？我早就看过书本了。还有什么秘密吗？给我瞧瞧！"

突然，她发现贺卡背后还有一行小字，于是她大声地读了出来："求圆面积的秘密，就藏在我给你送的比萨中，请先找到秘密再吃比萨，切切！"

小伙伴们一听有比萨，都激动了起来。美呆说："我

就知道大侠没那么小气，你看给我们送好吃的了。"

小呆也说："太棒了，大侠也知道我最爱吃比萨啊。"

正说着，门铃响了，不用说，大侠送的比萨到了。

比萨还热气腾腾，冒着香气。阿瓜提醒口水直流的小伙伴们，大侠要大家先从中找到求圆面积的秘密。

对啊，大侠的比萨可不是那么好吃的，得找到秘密。

这比萨倒是一个圆形的，可是比萨里藏着圆面积的什么秘密呢？一定有跟书本上 πr^2 不一样的秘密。

小呆翻看了半天比萨的包装盒，却一无所获，连个"圆"字都没看到。

木木瓜灵机一动："你看大侠说的话，最后说到切切，是不是让我们切比萨？"

阿呆说："不对吧，这里用切切，是要叮嘱我们不要嘴馋，先研究秘密才能吃。"

美呆说："对的，你们这么嘴馋，切开了还会让比萨再存在 5 秒吗？"

小伙伴们望着香喷喷的比萨，一边担心等太久变冷了不好吃，一边又焦急地想着到底秘密是什么。

过了一会儿，阿瓜说："我们学过的求图形面积的方法，无非就是用转化的方法，把新的图形转化成已认识的图形，然后找到解决问题的办法。大家说，圆形和我们学过的哪个图形最有关系？"

阿呆想了想说："大侠写的切切，应该是在暗示我们先把比萨切一下，秘密也许就在切的过程中。"

于是，他拿起小刀一横一竖，把比萨平均分成四份。

小瓜最先发现，她说："咦，可惜，每块比萨的底边是弧线，要不然真像是三角形。"

这话提醒了阿呆，他又加上了一撇一捺，直接把比萨来了个大卸八块。

这下小伙伴们都发现了，这时候每一小块都更像一个三角形了！虽然底边还是有些弧度，但是已经比刚才更接近三角形的形状了。

大家看着8个近似三角形，一个个都来了灵感，感觉谜底就要水落石出了。

小瓜说："每个三角形比萨的面积都可以用底乘以高除以2来求。"

小呆接着说："没错，底应该是圆周长的八分之一，高是半径。"

书呆不说话，找了一张纸飞快地写着什么。大家凑

上前一看，只见她写着：

$C=2\pi r$

$S\triangle =2\pi r\times \dfrac{1}{8}\times r\div 2$

$S\bigcirc =2\pi r\times \dfrac{1}{8}\times r\div 2\times 8=\pi r^{2}$

大伙儿纷纷拍手称赞，每个三角形面积乘8个，正好把八分之一约分得干干净净，$2r\div 2$，也只剩下r，$S=\pi r^{2}$，一切那么完美！

这下秘密揭晓，比萨也没有存在的必要了。小伙伴们决定对比萨下口了。

阿瓜一拍大腿，说："住嘴，大家别急。我有个大胆的想法，每小块三角形比萨的底边都是圆周长的一部分，比萨越大，底边越长，圆弧也越长，但是高是不变的。"

小瓜说："是的，高都是半径。"

阿瓜接着说："比萨越大，底边越长，圆弧也越长，最后这个三角形比萨底边就成了圆的周长。"

小瓜说："高还是半径。"

　　这、这、这……阿瓜居然活生生地把圆看成了一个底是它的周长、高是半径的三角形。

　　在这个思路下，比萨虽然是个圆形，却也可以用上三角形底乘以高除以 2 的公式，写出来就是 $2\pi r \times r \div 2$，化简一下也可以推出 $S = \pi r^2$。

　　这个想法真是非凡脱俗。大家边吃边整理着思路，觉得今天的收获真大，不仅是比萨的味道好极了，而且这比萨的启示也与众不同。这让小伙伴们纷纷觉得功力大涨，今后看问题的角度也变多了。

条折扇三兄弟

这天，数学课上正学习扇形统计图，呆瓜大侠要大家对比扇形、条形、折线三种统计图的异同点。美呆突然有个想法，可是她不敢提出来。

看着小伙伴们都一个个说出了自己的想法，轮到美呆的同桌小呆，他已经说不出什么与众不同的发现了，最后居然憋出一句：三个统计图都是一幅图。

连这样的想法都敢说出口，小呆给了美呆足够的勇气。于是她也站起来说出了自己的发现："我发现这三幅图都是根据它们的长相取名的。你看扇形统计图长得像折扇、团扇；条形统计图是一条条的直条；折线统计图显示的都是折折叠叠的线段。"

果然，话音刚落，大伙都笑起来。小呆说："我同

意美呆的发现，其实我想表达的也是这个意思。"

小瓜插嘴说："小呆，你要蹭美呆的想法，真是想得美，哈哈哈。"

呆瓜大侠也笑了，说："不愧是美呆的想法，还是和外表有关。不过，不管小呆还是美呆，他们的说法都有道理。本来我们把数据用图形的方式呈现出来，就是希望能帮助我们直观地看清数据，既然用扇形、条形、折线来表示，那么名字就这么安上去了。"

小呆说："对的对的，都是把数据画成图，更好看呀。"

小瓜说："小呆，你说的好看是图好看，还是数据好看？"

小呆说："好看有两种，美美的是好看；用图表示数据，看得更明白了，这也叫好看。"

同学们听着小呆、小瓜两个好朋友的对话，笑得更起劲了。

美呆又站起来了，她说："我还发现把数据画成图之后，不标出数据，也可以看懂统计情况了。"

　　大侠点点头，让大家不要再说这些美不美、好看不好看的话，仔细想想美呆说的有没有道理。大家安静了下来，认真对比着三个图形，发现果然不用标注数据，三种统计图暗藏的信息也一目了然。

　　书呆总结得好：

　　条形统计图，长长短短比高低；

　　折线统计图，起起伏伏见变化；

　　扇形统计图，宽宽窄窄看关系。

　　看来这"条折扇三兄弟"各有千秋。

　　接着，大侠要求大家好好地找找三种统计图各自最大的优点。小瓜抢着回答："这还不简单，折线图看变化趋势最方便，条形图适合表示数量多少，扇形图可以

看出部分与整体之间的关系。"

话音未落，大家的掌声就响起了。等等，大侠怎么面无表情，难道小瓜说的有错？小伙伴们的掌声弱了下来。

大家心想，小瓜说的是我们早就知道的，这会儿大侠表情冷酷，一定是不满足我们就这么说说面上的区别，看来其中还有奥秘。

下课了，美呆、小呆、小瓜、木木瓜这一组的四个

小伙伴约定一起走，这样可以边走边聊。

不过，他们对讨论的第一个问题就形成不了统一的意见。

小呆觉得条形统计图最麻烦，画起来一点也不方便。他说："你看条形统计图像一根根粗柱子，要画很多线，还要画一道道阴影。"

小瓜不愧是小呆的好朋友，想法也一样。她说："对呀，还是折线统计图简单，几个点几条线，就画好了。"

小呆说："折线统计图不仅能体现变化趋势，体现数量多少也没问题啊。"

小瓜说："对的，横轴、纵轴交叉之处就可以看出数量多少。"

美呆想了想说："你要这么说，那条形统计图也可以看出变化趋势啊。"

小呆、小瓜愣了愣说："你是说看条形的末端吗？"

美呆笑着说："对啊，条形的末端也可连成一条起伏的波浪线啊，你们说是不是？"

一直不讲话的木木瓜说："其实说起好画，我觉得

扇形图才最好画，毕竟条形图都要横轴纵轴地描刻度，扇形统计图一把圆规就搞定了。"

一番话，说得小呆、小瓜哑口无言。

小呆不服气地说："扇形统计图只能看出百分比，能看出数量多少吗？"

木木瓜笑着说："这有何难，你在每个扇形区域里标出数据不就看出来了？"

小呆一听，说："既然这么说，那条形统计图也可以用直条表示百分比呀！"

好吧，看来仔细挖掘，不同统计图的潜力都不小，只不过表示数据的形式不同而已。美呆说："咱们争论哪个统计图更好其实没什么必要。比如折线统计图虽然简单，可是它只能表示数量随着时间的变化趋势。如果是统计我们四个人一顿各吃了几碗饭，就不能用它表示了呀。"

小瓜跳起来说："肚子正饿，你还提吃饭，是何居心？"

小呆突然想到一个画面，忍不住笑出声来。他说：

"如我们每顿都只能吃一碗饭，这个折线图描出来就是一条平平的直线，好像平平的心电图。"

美呆也笑了："你放心吧，我们的心跳不会停止跳动的，因为把四个人的饭量用折线连起来是没有意义的。"

木木瓜说："是的，除非是统计你小呆四天的饭量，用折线统计图才有意义。"

小瓜大笑说："我猜小呆四天的饭量统计图画出来，也是一条停止跳动的心电图。"

小伙伴们忍不住哈哈大笑起来。

小呆说："既然三种统计图各有侧重，那小瓜刚才课上总结得可以啊。"

木木瓜说："虽然聊了一圈，还是回到了小瓜刚才提出的观点：折线图看变化趋势最方便，条形图适合表示数量多少，扇形图可以看出部分与整体之间的关系。但是我们毕竟对统计图有了更多的认识了，只要换个角度就可以有新的表达。"

小瓜第一个接话："我觉得条形统计图是最全面的

81

统计图，既能表示数量多少，又能从顶端看出变化趋势，还能统计百分比多少，简直是一图在手解千愁。"

小呆说："我觉得折线统计图是最刺激的统计图，你看股票行情、心电图都用它表示跌宕起伏，从中看出情节曲折离奇，正所谓一招鲜，吃遍天。"

木木瓜转向美呆，问："你的想法呢？"

美呆迟疑了一下，说："我觉得扇形是最美的统计图，一个圆就搞定了。老师不是说过圆是最美的平面图形吗。"

哈哈哈，不愧是美呆啊！

不知不觉到了岔路口，大家要各自回家了。不过这课后的短暂讨论，让四个小伙伴对下午数学课的知识点有了更深的理解。

忽高忽低太刺激

今天是开学第一天，小学时代的最后一个寒假已经随着时间一起逝去了，呆瓜们又回到了呆瓜学园。

"过了这个学期，我们就上初中了，不在呆瓜学园就不能在一起学习了。"阿呆伤感地说。

"别那么丧气啊！"丝瓜安慰他，"说不定初中我们还是在一个班呢。"

"但愿吧！"书呆说。

"老天保佑！"美呆也说。

这时候，小呆走了进来，看到小伙伴们忧心忡忡的样子吓了一跳，走上前去问："怎么啦？"

阿瓜代替大家回答："我们马上要升入初中了，要告别学园了，大家想到几个月后就要分开，很难过。"

"那我们更应该珍惜现在，开开心心度过在学园一起学习的时光，你们说对不对？"小呆安慰道。

阿瓜说："小呆说得对，我们在一起六年了，我还记得你们每个人小不点的样子呢。"

小呆笑着说："让我们来比较一下一年级和六年级的身高吧。"

一听这个，丝瓜立马说："我一年级126厘米，六年级167厘米！"

"我一年级123厘米，六年级158厘米，不过我记得自己当年胖乎乎的，圆圆脸，所以才叫小瓜啊。"小瓜接着说。

小呆说："对啊，只是现在你已经不算合格的胖子了。"

美呆在一旁惊讶地看着他们，说："你们怎么一年级的身高还记得住？我只知道现在的身高是155厘米。"

书呆说："我跟你差不多。"

突然，木木瓜在旁边唱了一句："一年一年时间飞跑，小小少年在长高。随着年岁由小变大，他的烦恼增加了。"

小伙伴们一听，不由自主地合唱起这首《小小少年》。

阿呆听到大家在报身高，笑着说："我的身高是3厘米。"大伙儿一听，哄堂大笑。

小呆说："阿呆，你是学园门口卖的小泥人吗？"

木木瓜说："小泥人也不止3厘米啊，阿呆你是精灵王子啊。"

阿呆语不惊人死不休，继续说："这有什么，我一年级时还是 -1 厘米呢！"

小伙伴的笑声更大了。"-1 厘米？怎么可能啊！"丝瓜嚷嚷起来，"你是头往地底下钻啊？"

阿呆接着说："我可没有胡扯，身高 -1 厘米有什么奇怪的？"

旁边的阿瓜也突然接口说："要这么说，我的身高更奇怪，我一年级是 2 厘米，六年级成了 -2 厘米了。"

丝瓜赶紧说："那你可别长大了，再长下去，你就

要消失了，哈哈哈。"

阿瓜说："消失倒不担心，我现在开始坚持运动，七年级时争取长到 0 厘米。"

小伙伴们再也忍不住了，笑得拍起了桌子，个个前仰后合，早就把刚才的惆怅一扫而光了。

呆瓜大侠也进班准备上课了，听到大家的对话，对着个个兴高采烈的小伙伴说："阿呆和阿瓜说得都没有问题，我的身高也可以说是 −1 厘米。"

啊，阿呆身高 3 厘米，大侠身高 −1 厘米，那不是阿呆比大侠还要高吗？同学们听到大侠也这么说，慢慢地安静了下来，看来其中必有蹊跷。

只听大侠继续说："今天这节课，我们去 VR 体验馆感受一下你们忽高忽低的身高吧！"

一听说 VR 体验馆，大家都兴奋起来。六年级以来，同学们已经有些日子没去体验馆了，没想到开学第一天就有机会去，真开心啊！

今天，大侠让大家体验的是身高王国。虚拟世界的居民们按照平均身高分类群居在不同的王国。

小伙伴们被工作人员固定在刚刚配备到体验馆的万向行走盘上，这样不管大家怎么行走都在原地溜达。

戴上体验眼镜，大家先来到了长人国。这个王国里到处都是长得像竹竿一样的"高人"。呆瓜们打量了一会儿居民，一个个脖子都仰得酸了。大家低下头，看看身边的小伙伴，都觉得自己是迷你人。突然，小伙伴们从眼镜里看到同伴的胸前有个闪动的小标注：−78厘米、−80厘米、−73厘米……

这是什么意思呢？难道在长人国，我们的身高都成了负数了？

这时，眼尖的小瓜发现长人国的公告栏里贴着王国的概况介绍。她赶紧招呼大家过去看看。于是，小伙伴们在原地奔跑起来。虚拟世界中，大家都看到了贴着的长人国数据。原来长人国国民的平均身高达到了240厘米，比一般的篮球运动员还高很多。再加上他们普遍精瘦精瘦的，所以看上去像是一根根行走的竹竿。

丝瓜恍然大悟地说道："明白了，我的身高167厘米，240−167=73厘米。所以我身上的标注是−73厘米。"

小瓜也发现了："我的身高158厘米，240-158=82厘米。所以我身上的标注是-82厘米。"

小伙伴们纷纷算出了自己的身高和长人国平均身高对比后的数据。原来大家身上的标注都是实际身高和长人国平均身高的相差值，每个人都比长人国的平均身高低几十厘米，于是大家的身高都被记作负数了。

小伙伴中，最高的阿呆也只有-68厘米。没错了，这就是身高出现负数和0的原因。

木木瓜对身边的阿呆和阿瓜说："我知道了，你们刚才报的身高，都是根据六年级学生的平均身高比较出来的。"

负数身高的秘密在长人国就水落石出了。接着大家又一起来到了矮人国、巨人国、小人国……

你们一定猜到了，在矮人国，每个小伙伴身上的标注都成了正数。

在巨人国里，大家身上左边标着小到尘埃的负数身高，右边标着轻如鸿毛的负数体重。小伙伴们穿行在高耸入云的巨人中，大气都不敢喘，生怕巨人一脚踩下来，

把自己踩得负号后的数据又增加了几厘米。

最后来到的王国是小人国。一踏进王国的土地，每个呆瓜的胸前标注的身高就噌噌地往上爬。哇，美呆看到自己身上的标注是 +130 厘米，她吃惊地叫道："小人国居民的平均身高只有 25 厘米啊，真可爱。"

这回轮到大家走路小心翼翼了，生怕不小心踩着小人们。

就这样走着走着，大家在身高忽高忽低的体验中，感到了跌宕起伏的强烈刺激。

不知不觉又走了一会儿，大家发现每个人的身高标注已经逐渐恢复正常了。这时，阿呆和阿瓜的身高真的显示为 +3 厘米和 −2 厘米。原来大家已经走出了身高王国，来到正常生活环境中，并以同年龄段的平均身高为参照标准。

到这时，所有的小伙伴都明白了，原来所谓的负数身高，只是和标准身高对比的结果。世界上本没有负数，跟标准对比后才有了负数。

把海平面作为标准，才有了高于海拔和低于海拔的

高度正负数。

　　把站立的位置当作起点，如果向左走是正数，那么向右走就是负数了。

　　把同年龄段的平均身高作为标准，那么每个人的身高就有了这样让人大呼神奇的表示方式。

　　小朋友们，如果 12 岁的标准身高，男女生分别是 155 厘米和 153 厘米，那么你的身高要记作多少呢？

这个周末，阿呆提议和快乐学园的班委们来个联合郊游，顺便交流一下班委工作经验。

周三晚上，双方班委就在班委联合群里聊开了，最终决定去远一点的森林公园郊游。阿呆说这次就由热带鱼班长负责购买门票。热带鱼一口答应了。

没过一会儿，突然热带鱼在群里发了一句话："阿呆、阿瓜，我有一个疑问，想请教你们：10以内的数包括10吗？"

阿呆的反应最快："我看应该包括10吧！"

阿瓜说："我觉得这样问得不是很清楚，应该有个补充说明。比如我就见过'35周岁以内（含35周岁）'

这样的表达方法。"

乐天派在群里@热带鱼，发了一句："你的想法

和阿呆一样，还是和阿瓜一样呢？"

热带鱼先发了一个流汗的表情，接着发出了一大段语音："我开头的想法和阿呆一样，10以内肯定包括10啊，可是我刚才购票时，就看到网站上这样标注：'10人以下的需购买全票，10人以上的按团体票价'。然后我就有点蒙了。我们两个班的班委正好10人，那么买票时该购买全票还是可以购买团体票呢？"

阿瓜说："没有补充说明，那就麻烦了。"

书呆说："既然这个问题难住我们了，那我们就给自己定个目标，查证一下有关以内、以外、以上、以下的准确表述。明天晚上8点带着各自的收获，再来群里交流，看看谁能解释清楚。"

乐天派说："要这么麻烦吗？直接打电话给公园管理处，问清楚不就知道了？"

书呆说："是时候搞清楚这些词的区别了。如果你觉得搞不定，那就负责买吃的吧，像这样费脑的活，交给我们好了。"

这下乐天派急了，他直接撂下一句："明晚春暖花

开之际，就是水落石出之时。"这么一说，他算是接受了挑战。小伙伴们也都纷纷表示马上去查资料，明晚一定见分晓。

于是，大家分头行动去了……

一夜无话。第二天的学园里，大家也不提起这茬事，暗暗地较着劲。

晚上，大家赶紧先完成家庭作业。8 点一过，群里开始躁动起来了。

乐天派先在群里抛出一句话："春暖花开了。"引得一个个小伙伴往群里发了下句："水落石出。"

对过了暗号，书呆开始掉书袋了。她可是准备充分的，一大段语音加文字向群里袭来："以内以外，最早出现在《史记·张释之冯唐列传》中，'……闾以内者，寡人制之，闾以外者，将军制之'。古语'闾'即指城门的门槛，'闾以内者，寡人制之'，就是说城墙以内的事，皇帝来决断。那么请大家想想，城墙上这些士兵是受城内管理还是城外管理呢？"

阿呆抢答："城墙以外，当然就不包括城墙本身。

因此毫无疑问，城墙是城内的一部分，城墙上的士兵当然是城内管理。"

接着他把自己查的资料发出来了："用数学语言来表述是：'N 以内'包括'N'，'N 以外'不包括'N'。所以阿呆查到的答案是：10 以内包括 10，10 以外不包括 10。"

乐天派不甘示弱，说："我给大家举一个例子，打过乒乓球吗？球落在球桌边缘的白线上，也就是我们说的擦边球，算界内还是界外呢？"

阿瓜发了一个大拇指表情："这个例子选得好，不愧是乐天派啊！"

球正好打在白线上当然算界内，和城墙以内包括城墙本身一样，白线以内是包含白线的。

乐天派说："看来我们的意见挺统一呀。阿瓜说说你的发现吧。"

阿瓜说："大家看看，我找到了一幅能说服你们的图。"

说着，阿瓜把图片贴了出来，两幅图下方写着：

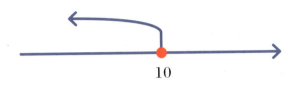

10以内：用实心点表示包含10

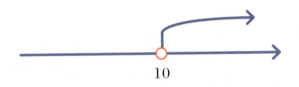

10以外：用空心点表示不包含10

热带鱼说："看懂了，其实大家考证的结果差不多，10以内包括10，10以外不包括10。不过我有个问题：那么以上、以下又是怎么规范的呢？"

阿瓜早有准备，二话不说又贴出了两幅图

10以上： 10以下：

这下大伙都看懂了这些数学演示图了。是的，N以上、N以下都包含N，也就是说这两种说法是有重叠界限的！

像森林公园网站标注的"10人以下的需购买全票，10人以上的按团体票价"这样的表达，就是界限混乱的，

清晰的表达应该是"10人以下，11人以上"。

书呆发了个敲黑板的表情，帮大家总结——10以内、10以上、10以下都包含10，10以外不包含10。

热带鱼说："看来我得跟森林公园好好科普一下，不能乱标啊！"

阿瓜说："我们考证得是挺清楚，但是生活中大家都在乱用，有时也是秀才遇上兵，有理说不清。所以我认为中文应该重新创造一个字来规避这种混乱的现状，而且这个字我已经创造好了。"

说着阿瓜往群里贴了一个字——㠯。

这下把小伙伴们整得有点糊涂了，这个字乍一看像是"以"字，再仔细一看，又有所不同。

阿瓜继续解释："这是一个纯粹数学化的设计：以字的点是一个实心点，可以专用来表示含本数的情况；而中间用空心点的设计表示不含本数。"

这下大家可算明白了，想不到阿瓜还有这层意思，将识字教学和数学思维进行跨学科融合啊。一下子，大家的点赞表情列队入群了。

乐天派追问了一句："这个字怎么读呢？"

阿瓜说："我还没想好，大家有什么建议吗？"

不一会儿，阿呆的语音到了，一点开就是一阵放纵的笑声。他边笑边说："我觉得可以读作：gū。既然有

姨（以），当然也有姑——以。"

这下把小伙伴们给乐坏了，不用说，群里飘起了一个个狂笑的表情。

阿瓜继续介绍自己的发明："这样，10 以上，表示 10、11、12、13……10 以上，指的就是 11、12、13……"

有困难，理清思路解决它；很混乱，提出建议消灭它。一番畅聊下来，大家已经达成了共识，最后决定由阿瓜代表大家向森林公园售票处建议改一下购票规则，就用上阿瓜的新造字以。

小朋友们，你们猜阿瓜能说服公园售票部吗？

越折越开心

这个月，学园山要开展"学园美展"活动，要评比各个班级里布置装扮的场景。当呆瓜大侠在班上宣布完后，书呆和美呆两个小女生首先欢呼起来，她俩身上可是艺术细胞满满。每次学园山的书画展览活动，呆瓜学园全靠这两人撑场面了。上一次黑板报评选，书呆和美呆还为呆瓜们抱回了个第一名呢！

呆瓜大侠对她们的热情表示满意："很好！但这次活动大家都要参加，每人拿一幅作品来，贴在班里的墙上展览，争取拿个好成绩！"

小瓜提议："我最近做了一些手工挂饰，明天就带来挂在班上。"

麒麟瓜说："我家有一张网布，挂在走廊上，夹上

画，也是一道不错的风景！"

呆瓜们争着发表自己的想法。

放学后，小呆和阿呆一起走路回家。阿呆试探地问："对于这次学园美展，你怎么看？"

一听这话，正愁没作品的小呆可打开了话匣子："我觉得这样的活动，还是不能每人送一件作品，应该把这风头让女生去占，她们都比较有艺术细胞。"

阿呆说："你这是没有责任感的表现啊，艺术细胞每个人都有几个的！"

小呆说："你的艺术细胞今天上班了吗？请几个出来我看看！"

阿呆笑了笑："说实话，我也不知道自己是否有过艺术细胞。虽然我不擅长画画，但我是不会这么不自信的。"

"我们还是聊聊这个作品怎么交吧。"小呆对自己完成作业的能力还是有疑虑，"看你胸有成竹的样子，你是不是早有想法了？"

阿呆神秘地看了看四周，趴在小呆耳朵旁说："这

次是装饰班级，咱们买点装饰品难道就不行了？组合搭配也是一种创作啊。"

这话一说，小呆顿时醍醐灌顶，浑身轻松，忙不迭地说："班长英明，我就喜欢你这样讲道理的班长。"

商量已定，两个小伙伴约好周末去商场买作品。不！买配件。作品还是要自己组合嘛。

星期六早上，两个小伙伴直奔商场。一进门，一眼就看到上面显眼的广告位置写着："活动期间，全场商品折扣享不停。"看来来得正是时候，商场正做促销呢！

阿呆和小呆逛到一家精品手工饰品店，只见门前架

子上竖着一块牌子，写着：全场商品一律七折。

阿呆朝着导购员姐姐说："姐姐你好，我们是小学生，你们能多打点折扣吗？"

小呆赶紧也帮腔："对啊，才七折，多打几折吧，八折、九折，越多越好！"

这话把小姐姐逗笑了。阿呆吓了一跳，赶紧把小呆拉到一边："什么叫越多越好？你知道打折是什么意思吗？"

小呆问："打折，难道不是价格折一次少一点，再

折再少吗？"

阿呆说："哈哈哈，商场一定最喜欢你这样的顾客，照你这么说，打十折不是更多吗？"

小呆一呆："十折？那好像是没打折。"

阿呆说："对啊，七折表示原价的百分之七十的意思，十折那就表示原价的百分之百，一分都没便宜。"

小呆吃了一惊，原来打折就是求原价的百分之几的意思。他说："没想到这里有百分数的知识。那我说越多越好，不就表示原价的百分之七十不要，反而要原价的百分之九十？"

阿呆笑着说："对啦，是我把你从犯傻的路上挽救回来了。"

小呆脸上一阵发烧，尴尬地说："赶紧换家店吧，这下丢不起这个人了。"

两个小伙伴逛上第二层，看到眼前还有一家更大的挂饰店，门前也竖着一块广告牌，写着：全场商品一折起。

小呆说："还好上楼了，最大的优惠躲在这里啊，一折表示原价的百分之十，赶紧去这家吧。"

　　两个小伙伴进门后眼花缭乱，挂件可真多啊！一通狂挑之后，他们真淘到了几个满意的挂件，特别是其中一个木制牛头挂件，栩栩如生，挂起来肯定能吸引人们的眼球。

　　小呆翻了翻价格牌，可不便宜，215元。他说："还好打一折，只要21.5元，要不然真买不起。"

　　阿呆突然注意到什么，指着售货架让小呆看。原来这部分饰品的售货架上写着七五折。

　　七五折？要卖原价的百分之七十五吗？不是一折吗？

　　小呆急得喊了出来："售货员姐姐，你过来看看，这是乱标价啊，门口明明写着一折，怎么变成七五折了？"

　　阿呆叹了口气，说："算了，我们还是太年轻了，刚才入门时没有看清。那是一折起，加了个起字，表示各种折扣都有。你要找那个打一折的商品，恐怕是要费点时间喽。"

　　小呆怒道："真是黑心商家，不买了。"

　　阿呆也说："对的，这家店铺的标价不靠谱。我还

发现那个跟楼下一样的饰品，这家虽然标着五折，可是实际价格却比楼下七折还贵。"

小呆恍然大悟："我明白了，他们把原价定高了，结果楼上原价的百分之五十反而比楼下原价的百分之七十更高了！"

阿呆说："对啊，光看折扣是不准确的，原价也要搭配着计算的，咱们还是去楼下吧。"

小呆一听说要再去刚才自己出糗的店铺，有些犹豫。阿呆看出他的尴尬，想了想说："我看我们买现成的饰品可能不大合适吧。像这个牛头，一看就不是我们做的，挂起来也经不起同学们质疑啊。"

小呆赶紧说："对的对的，重在参与，我们还是回去自己试试，就算不那么精美，总是原创作品。事不宜迟，赶紧回去动手吧！"

于是，两个小伙伴带着对百分数的新认识，开始了挖掘自己艺术细胞的手工过程。

"热带鱼"来了

国庆节长假第五天，阿呆告别外婆家的表哥表弟们，回到了家里。毕竟已经是毕业班的孩子了，提前收收心也是应该的。

这天，电视台播报的天气预报传来一则"令人兴奋"的报道：各位观众，受气压影响，明天我市即将迎来今年的5号台风"热带鱼"。为啥是令人兴奋呢？说起来，大家对那种不算太大的台风还是有点小期盼，今年的夏天热得吓人，秋分都过了好久了，还是满街的人穿着背心短裤。这台风

108

一来，气温
肯定降下来，空调放假，看窗
外狂风呼呼，大雨倾盆，躲在家里看电影看书，
太惬意了。

　　阿呆赶紧给快乐学园的班长"热带鱼"打了一个电
话："小鱼啊，你这实力挺雄厚的呀，来就来呗，还带
来了5号台风。"

　　热带鱼吃了一惊："5号台风？我怎么没听说什么
时候来过1、2、3、4号呢？"

　　反正整个夏天，阿呆也没有见到台风的影子。

　　不过，有时候台风就是这样，气势汹汹却转眼无影
无踪，自绝于海上。所以有时候来到陆地的，已经是好
几号台风了。

　　电话里，热带鱼和阿呆约定明天要来个尖端"风"
会，约几个小伙伴集中在阿呆家里看电影躲台风。正好
阿呆的爸爸妈妈要出差，大家可以给阿呆壮壮胆。

　　至于看什么电影，两个小伙伴也在电话里商量好了。
这气势、这氛围，肯定得是哈利·波特系列啊。在台风天

感受自然的力量，再共同探讨电影中的魔法力量，最合适不过了。

第二天一早，台风天的特征就十分明显了，窗外一片"无边落木萧萧下"。热带鱼和快捷键顶着满天飘舞的落叶来到了阿呆家。进门一看，阿瓜早就和阿呆在下着陆战棋了。小伙伴们胜利会师，十分兴奋。

阿瓜操着一口播音腔播报："著名台风热带鱼正以每秒 10 米的速度冲进门来，请大家做好防范！"

快捷键笑着说："每秒 10 米，这可是飓风啊。"

热带鱼说："每秒 10 米，1 分钟 600 米，1 个小时是 $600×60=36000$ 米，也就是时速 36 千米。阿瓜，你随口一扯，数据还算正常。"

阿呆说："唉，我倒想查查真正的台风'热带鱼'移动速度达到多少。"

小伙伴们一拍即合，马上打开电脑查起"热带鱼"的信息。阿瓜眼尖，最先看到台风"热带鱼"的信息。他的播音症又发作了，顿时小伙伴们的耳边响起播音腔："台风'热带鱼'正以每小时 29 千米的速度向我

市方向移动，预计将在今晚8点正面登陆我市。"

阿呆说："现在是早上9点整，台风晚上8点登陆，到底现在离我们多远呢？"

热带鱼说："对啊，我这会儿在哪儿呢？"

小伙伴们都笑了起来。

快捷键说："这个简单，早上9点到晚上8点，要吹11个小时，每小时29千米的速度乘以11个小时，'热带鱼'现在正处于离我们319千米的海面上。"

阿瓜想了想，说："这个算法是挺简单的，不过可能不靠谱。"

快捷键问："哪里有问题呢？"

阿瓜说："时速29千米只是当前的速度，台风移动应该不是这样匀速运动，越往后台风威力越大，也许移动过程中速度变化很大。"

热带鱼也说："是的，其实晚上8点登陆也只是预估，速度和时间都不确定，算出来的路程也就偏差比较大了呀。"

快捷键一听，大家说得有道理，只好说："好吧，

虽然算不出台风'热带鱼'离我多远，可我知道班长热带鱼离我 50 厘米远，不信你量量。"说着他比画了一下自己和热带鱼之间的距离，惹得大伙儿哈哈大笑。

快捷键说的 50 厘米提醒了大家。热带鱼和阿瓜同时跳起来说："对了，量一量距离！"

这下，快捷键有点蒙，台风在几百千米外的海面上，怎么量啊？

只见阿瓜快速打开网站上的气象地图，点击生成地图图片，嗖嗖嗖地打印了出来。

大家围着地图端详起来。热带鱼指着地图右下角的一个位置说："果然不出所料，没问题了。"阿呆和快捷键赶紧凑了过去，原来地图角落写着：比例尺 1 ：3,000,000。

快捷键自言自语："比例尺是什么尺子，好多 0 啊。"

阿呆数了数说："是 300 万。"

"对，1 比 300 万，也就是图上 1 厘米，代表实际长度 300 万厘米。"阿瓜说。

"300 万厘米，看上去好唬人啊，到底是多长呢？"

快捷键问。

"哈哈哈，生活中谁也不会这么表示距离，我们把300万厘米的单位转换成千米就是30千米。"热带鱼笑着说。

这下阿呆和快捷键都明白了，原来这个比例尺告诉大家，在这幅地图上的1厘米代表实际30千米的距离。有了这样的比例尺，就能把现实世界缩放到小小的地图中来了。

说时迟那时快，快捷键马上动手测量了台风中心到市中心的距离，恰好是9厘米。

热带鱼说："现在可以精确算出台风中心离我们的距离了，你们试试看。"

小伙伴们不一会儿就交出答案，是270千米，不过方法各不相同。阿呆用上了解比例的方法列出了 $1:3000000=9:x$，前项、后项一对齐，等号连接起来就写出了一个比例。解比例可知 $x=27000000$，27000000厘米 =270千米。

阿瓜也用到了解比例的方法，不过他写得比较简单：$1:30=9:x$。原来他直接用上30千米这个数据，这样

前项、后项对齐，单位也一致，算出来的就是 270 千米了。

快捷键最性急，他直接来了个 9×30=270，不用说，他的理由就是：1 厘米代表 30 千米，9 厘米当然是 9 个 30 千米。

大家都算出了准确距离 270 千米，和开头的预估距离 319 千米还是有些差距。热带鱼说："按道理这个差距应该不会这么大呀。"

阿呆说："本来 319 就是一个预估的距离，再加上从我们看到时速 29 千米，到网站上打出地图，过了一些时间，台风又移动了一段距离，所以这个差距就增大了。"

"对啊，台风每时每刻都在向我们奔来，我们赶紧做好防御准备吧。"阿瓜发出指令，"热带鱼，你检查一下我们该买的食品都够吗？阿呆，你检查一下各处的窗户关紧了没。快捷键，你看看哈利·波特全集下载好了吗？"

快捷键说："报告队长，一切准备就绪，可以开始看电影了吗？"

"很好，开看！"阿瓜一声令下。

后山奇遇（上）

　　学园山的后山无人谷是一个神秘的地方，小伙伴们都读六年级了，去无人谷的机会还是屈指可数。

　　而且，那些在无人谷开展的活动从来都只在前山大草坪进行。据说，后山是个神秘的数学圣地，从来没有对外开放。虽然听说有人进过后山，但是这些人嘴里描述的后山似乎就是几条绕来绕去的小路。他们说，从前山和后山之间的山崖缺口进去，四周都是高高的山崖，沿着小路绕了几圈就回到原地，没什么特别的。

　　慢慢地，连偷溜去后山的人都很少了。

　　阿呆也一直对无人谷的后山充满着好奇。他想自己在学园学习了 6 年，现在即将毕业了，总得悄悄去一趟

后山，免得留下遗憾。

　　这个周末，爸爸去出差还没回来，妈妈去医院陪护生病的外婆，家里只有阿呆一个人。清晨，阿呆征得爸妈同意后，把装备准备妥当，戴上鸭舌帽、耳机、大口罩，大大的背包里除了塞满零食饮料，还有三块充电宝、

一个高亮手电筒。

悄悄地，他出发了。

没错，他要闯后山去了。这事当然不能声张，要是被呆瓜大侠知道了，肯定要被纪律处分的。不过，这么刺激的事情怎么能少得了好朋友阿瓜呢？他们约好了在入口处碰面，神不知鬼不觉地来个后山探险。

绕过学园，阿呆来到后山山崖缺口处。没有看到阿瓜，他有些心慌，仔细看了看四周，一个人都没有。咦，阿瓜这小子难道也睡过头了，应该不会啊。阿瓜从来都很守时，可能昨晚没说清楚，他已经在里面等着了。阿呆虽然有些害怕，但是箭在弦上，不得不发。一咬牙，阿呆快速穿过山崖缺口，一个箭步跨进了后山。

和传说中的一样，小路的四周都是高高的山崖，小路蜿蜒向前看不到头。还是没看到阿瓜，这下阿呆更慌

了，加快脚步向前走。突然耳边传来一阵低沉的音乐，这么神奇？莫非后山自带背景音乐，这音乐哪里来的，难道石壁上有户外音响？

他环顾四周，没什么特别的呀，吓得赶紧小跑起来。诡异的是，不管阿呆跑得快还是跑得慢，音乐总是跟在他四周，直往耳朵里钻。

这是怎么回事呢？甩不掉音乐，阿呆索性站在原地，不跑了。他冷静下来，终于发现原因了。

原来，他进后山时，给自己随机点播了一段音乐。由于后山手机信号不好，他进山的时候，耳朵里是没有声音的，走了一会儿，到了开阔处，音乐缓冲完成，于是就出现了刚才这诡异的一幕了。

阿呆心想，我这是太紧张了。既然传说后山只是几条小路，没什么特别的，我这么紧张干吗？淡定，淡定。

又慢慢走了几步，一拐弯，阿呆突然看到阿瓜正坐在路边的石头上。

看到阿呆，阿瓜赶紧喊道："呀，你终于来了。我刚才在入口处等你，总觉得有个神秘的力量召唤我进来，

不知不觉就往里走了。估计是我的好奇心爆棚吧。"

阿呆看到好朋友，顿时放松了下来，笑着说："还算你有良心，懂得坐在路边等我。"

阿瓜说："那当然了，我反应过来后就不敢往前走了。好了，现在我们胜利会师了，继续前进吧。"

"走！"阿呆说。

两个小伙伴边聊边向前走去，不知走了多久，突然他们发现正在走的路有点熟悉。咦，绕回来了。这不

是刚才阿瓜坐的石头吗？想不到他们一直注意不走回头路，最终还是躲不过迷路的下场。

两个小伙伴一商量，还是先观察一下地形，不要浪费体力。

两人在石块上坐了下来，准备先吃一点零食，减轻一下背包的重量。阿呆掏出一袋熏鸡，撕开包装封口，顿时香味四溢。突然身后传来一个声音："撕作三份，鸡屁股给我。"

阿呆和阿瓜吃了一惊。谁在身后，他们怎么一点儿也没察觉？他们回头看去，背后就是山崖，哪有什么人！正在惊疑之间，突然那个声音又响起了："我糊涂了，你在这个空间是没法把鸡屁股给我的。"

阿呆对着山崖问道："你是谁？我怎么才能把鸡屁股给你？"

那个声音犹豫了一下，说："沿着小路走，你走一辈子也不可能把鸡屁股给我的，你还是回去吧。"

阿瓜不肯放过探秘后山的机会，说："那我们把鸡屁股吃了。"

那边叹了一口气，似乎还咽了咽口水，说："升维可至，错层可遇，鸡屁股看缘分吧。"

阿呆悄悄问阿瓜："他说什么'克制'是什么意思？"

阿呆还想问出点什么，可是说完这句话，身后就不再有动静了。

和阿呆不一样，阿瓜关注的是"错层可遇"这句话。他想刚才走的小路都是在同一个平面上，真没想过上下错层的空间里是否还有新路。

突然他心念一动，明白了。根本不是阿呆说的什么"克制"。他贴着阿呆的耳朵说："这是暗示我们刚才一直在二维平面上绕路，必须向三维空间找答案。没错！是'升维'，指的是从二维升到三维。"

想通了这句话，两个小伙伴打量了一下四周，发现坐的石头边有一棵歪脖子树，枝丫丛生，树枝像一根根铁条嵌入了石壁。两人想，从平面向上突破空间，不就从二维升级到三维了吗？正好从这里试试向上是不是别有洞天。

阿呆把熏鸡包好重新放回背包，和阿瓜一起顺着歪

脖子树的枝干爬了上去。说来也怪，这歪脖子树的枝干顺着山崖往上斜长，就像山崖上的一个阶梯，爬起来毫不费力。越往上爬，树枝越浓密，抓手处很多，爬得很轻松。

不一会儿，两人已经爬到了树丛深处，眼前的树阶似乎连着崖上一处垂下来的藤帘。阿呆和阿瓜一起掀开藤条，低头钻了进去。

这藤帘后到底是个什么空间呢？阿呆和阿瓜会遇上什么呢？

欲知后事，请看下集。

123

后山奇遇（下）

话说阿呆和阿瓜沿着树干爬到了藤条遮盖的上层入口，他们掀开藤帘后又低着头弯腰走了十来米，一脚跨出去，顿时眼前一片开阔。

和下层空间里石壁夹道、小路蜿蜒大不相同，这层空间平平坦坦，绿草如茵，山坡错落，流水潺潺，果树成林。此地四周尽头虽然也是石壁围住，但是面积不小，

目测不少于 2 平方千米。原来这是后山那高高的山崖中间的一大片盆地。

这么多年，偷偷来后山探秘的人，总是迷失在第一层平面那蜿蜒循环的小路上，从来没有到过这层空间。想不到阿呆的鸡屁股把两人"带到"了这里。

走了一会儿，前方树下的大石桌旁坐着一位中年模样的人。那人一身粗布棉衫，仙风道骨的样子，不由得让人肃然起敬。

那人远远看到阿呆和阿瓜，朝他们俩招招手，喊道："鸡屁股带来了吗？"

"在呢在呢，不止鸡屁股，鸡的全身都带来了。"阿呆一边回答，一边悄悄对阿瓜说："他说的也是普通话，看来不是神仙。"

两人一路小跑来到树下，只见桌上茶壶煮着热茶，旁边摆着三个茶杯。

阿瓜心想：这位先生神机妙算，知道我们来了两人。

阿呆心想：没生火这茶壶的水是怎么烧开的？真神奇！

那位先生打量着两个小伙伴，和蔼地说："来来来，坐下来喝茶。"

说完，他顿了顿又说："你们总算是聪明的孩子，听得懂我的暗示。鸡屁股带来了吗？"

阿呆见那人三句话倒有两句是在问鸡屁股，心想鸡屁股吃了会变聪明吗？早知道我就多吃点鸡屁股了。

于是阿呆赶紧掏出熏鸡，整袋递了过去。那人也不客气，接过熏鸡，取出一把小刀，鸡尾连着屁股一刀切下，然后把剩下部分对切两半，分给阿呆和阿瓜。

三人就着热茶，狼吞虎咽地把熏鸡吃进肚子了。

茶足肉饱，那人兴致更高了，笑着对两位小朋友说："你们是怎么想到从树梯爬上来的？我还怕今天吃不到鸡屁股了。"

阿瓜说："哈哈，我们猜升维就是要从平面向立体拓展，所以就试着爬爬了。"

那人满意地点点头，说："既然我们是有缘人，今天可以满足你们三个愿望。"

阿呆精神一振，赶紧说："什么愿望都可以吗？"

那人说："你想多了，我的意思是你们可以提三个问题，我来回答。"

阿呆想，这人到底不是神仙，只能帮我们解答困惑，不过自己此时一肚子谜团，该问些什么呢？

灵机一动，他问道："先生，你不生火，又是怎么烧茶水的呢？"

那人没想到阿呆问出这样的问题，哈哈大笑："烧水还要生火吗？这都什么年代了！"

阿呆不好意思地说："我们那个年代是用电水壶，所以很好奇先生是用什么烧水？"

那人说："对啊，电水壶啊。"说完伸手在桌下一拉，一根电线露出桌面。原来桌上就是一个电水壶，只不过刚才线垂到底下，正面看不到而已。

阿呆大感讶异，说："这上面也有电啊，难道先生不是古代人啊。那刚才在下层路边您又是怎么跟我们'传音入密'对话的？"

那人笑容更灿烂了，说："我怎么成了古代人了？我和你们呆瓜大侠是同学，年轻得很啊，你们叫我陈老师就好了。另外，你们没有听过户外摄像头吗？我用平板看监控画面时，看到了鸡屁股，才跟你们对话的。你们没用过可以对话的监控吗？"

这下，两位小伙伴全明白了，一定是树上有个隐藏的摄像头。不用说，一定是用太阳能供电的。

陈老师看向阿瓜说："你们已经问了两个问题了，剩最后一个问题，你不打算也问个问题吗？"

阿瓜早有准备，问道："刚才陈老师暗示我们从平面向立体空间寻找答案，我们深受启发，不知学习数学时还有哪些换个角度就能豁然开朗的例子呢？"

　　陈老师听了连连点头，说："这是一个好问题，你们来看。"说着他拿起旁边包里的平板电脑，打开监控画面。阿呆和阿瓜围过来一看，原来是一个俯视下层小路的监控视角。

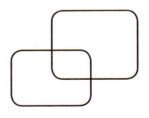

　　陈老师说："你们看，下层小路是两个口字交错的

路线，不管怎么走，最后总是会返回出发点的。"

阿呆和阿瓜同时喊出："'一笔画'图形！"

陈老师说："对啊，这路线中全是偶点，没有一个奇点，想要不重复走完全程，只能从哪里出发返回到哪里，没有例外。可是，如果把眼光从平面改成向空间探寻，就能够从循环反复中跳出来了！"

阿瓜说："是的，我们刚才迷失在小路中，一直看不到方向，这会儿换个角度俯视下方，才知道当时跑得再快也是徒劳啊。"

陈老师继续说道："你既然叫我再列举一些例子，那我就送你们一本我最近写的书。这本书就是我在这里写好的。"

说着，他从包里掏出一本书，只见封面上写着《数学"错"经》，翻开目录看到有：错字篇、错解篇、错教篇……

他说："我这本《数学'错'经》，讲的就是平时数学学习中的一些认识误区，理清这些误区，你们就能

从更高的视角俯视眼前的知识了。"

> ### （一）长方形"免记"公式
>
> 把"面积"公式写成"免记"公式，似乎是错别字，但比起记住面积公式，更重要的是还能帮孩子免记公式，不必机械记忆，却一辈子也忘不了！
>
> ……

两个小伙伴迫不及待地翻开书本，看到这书中还有许多知识：半个分配律、原来它们都是分数、这样算分数加法错了吗……

两个小伙伴如获至宝，就想马上看完。

陈老师说："这本书就送给你们了，希望你们能从中学会用不同的角度审视知识，从而获得更深刻的学习体验。好了，时候不早了，你们也该出后山了。"

阿呆和阿瓜这才记起来要向陈老师致谢。陈老师摆了摆手说："不用不用，我也要谢谢你们的鸡屁股。你

们马上要上初中了，到时再回头看看小学的数学，一定会有不同的感受的。"

阿呆和阿瓜异口同声地说："明白了，陈老师您是希望我们随时记得回头看、整体看，从不同角度理解知识。"

告别了陈老师，两个小伙伴沿着树梯原路返回后山小路。刚刚到路边石块旁，背后树干的监控里就传来陈老师的声音："上层空间是后山的秘密，你们记得要守口如瓶。呆瓜学园的学生，只有今后成为博士的人，才能光明正大地来到这里学习、思考。祝你们成功！"

阿瓜说："谢谢陈老师，我们记住了"

阿呆说："陈博士您放心，我一定会回来的！"

小朋友们，呆瓜学园的故事到这里也给大家讲完了。不管你是一年级还是六年级的同学，或者是初中生，从故事的角度通览一遍小学里有趣的数学知识，一定能帮助你获得不同的感受和更深的体验。

图书在版编目(CIP)数据

梦游蚊子界:六年级/温爱群,陈怡凝著. —福州:海峡文艺出版社,2023.5
(呆瓜学园的数学故事/陈传兴主编)
ISBN 978-7-5550-3199-4

Ⅰ.①梦… Ⅱ.①温…②陈… Ⅲ.①小学数学课—教学参考资料 Ⅳ.①G624.503

中国国家版本馆 CIP 数据核字(2023)第 082647 号

梦游蚊子界　六年级

温爱群　陈怡凝　著

出 版 人 林　滨
责任编辑 蓝铃松
出版发行 海峡文艺出版社
经　　销 福建新华发行(集团)有限责任公司
社　　址 福州市东水路 76 号 14 层
发 行 部 0591—87536797
印　　刷 福建东南彩色印刷有限公司
厂　　址 福州市金山浦上工业区冠浦路 144 号
开　　本 700 毫米×1000 毫米　1/16
字　　数 60 千字
印　　张 8.75
版　　次 2023 年 5 月第 1 版
印　　次 2023 年 5 月第 1 次印刷
书　　号 ISBN 978-7-5550-3199-4
定　　价 28.00 元

如发现印装质量问题,请寄承印厂调换